Böhlau

Studien zu Politik und Verwaltung

Herausgegeben von

Christian Brünner • Wolfgang Mantl • Manfried Welan

Band 81

Dieter Blumenwitz

Okkupation und Revolution in Slowenien (1941–1946)

Eine völkerrechtliche Untersuchung

BÖHLAU VERLAG WIEN • KÖLN • GRAZ

Gedruckt mit Unterstützung durch
das Bundesministerium für Bildung, Wissenschaft und Kultur

Die Deutsche Bibliothek – CIP-Einheitsaufnahme

Ein Titeldatensatz für diese Publikation ist bei
Der Deutschen Bibliothek erhältlich
ISBN 3-205-77250-4

Das Werk ist urheberrechtlich geschützt.
Die dadurch begründeten Rechte, insbesondere die der Übersetzung,
des Nachdruckes, der Entnahme von Abbildungen, der Funksendung, der
Wiedergabe auf photomechanischem oder ähnlichem Wege, der Wiedergabe
im Internet und der Speicherung in Datenverarbeitungsanlagen,
bleiben, auch bei nur auszugsweiser Verwertung, vorbehalten.

© 2005 by Böhlau Verlag Ges. m. b. H und Co. KG.,
Wien • Köln • Weimar
http://www.boehlau.at

Gedruckt auf umweltfreundlichem, chlor- und säurefreiem Papier.

Druck: Berger, 3580 Horn

Inhalt

Einleitung 13

TEIL A: SLOWENIEN UNTER DER HERRSCHAFT DER ACHSENMÄCHTE

I. Relevante völkerrechtliche Vorfragen 17

1. Der völkerrechtliche Status Sloweniens/Jugoslawiens im Frühjahr 1941 ... 17
   a) Die Entwicklung der einzelnen Gebiete bis 1918 18
      (1) Slowenien 18
      (2) Kroatien 18
      (3) Serbien 19
      (4) Weitere Gebiete 19
          (a) Bosnien 20
          (b) Montenegro 20
          (c) Mazedonien 20
   b) Die Entwicklung zwischen 1918 und 1941 20
      (1) Einigungsbestrebungen 21
      (2) Das Königreich der Serben, Kroaten und Slowenen 22
      (3) Einheitsstaat und Auflösungstendenzen 25
   c) Rechtfertigung der „slowenischen Nation"
      und ihres 1991 ausgeübten Selbstbestimmungsrechts 26

2. Die „Zerschlagung" des jugoslawischen Staates durch die Achsenmächte
   a) Territoriale Neuordnung 27
      (1) Slowenien 27
      (2) Übrige Gebiete 28
      (3) Die Sonderstellung Kroatiens 28
   b) Bedeutung für den Fortbestand Jugoslawiens als Völkerrechtssubjekt .. 29
      (1) Die mangelnde Staatsqualität Kroatiens 29
          (a) Staatsvolk und Staatsgebiet 30
          (b) Unabhängige Staatsgewalt 31
      (2) Kein Untergang Jugoslawiens als Staat 33
          (a) Wegfall des Staatsvolkes 34

            (b) Wegfall des Staatsgebietes 34
            (c) Wegfall der Staatsgewalt 35

    3. Folgen der illegalen Kriegseröffnung der Achsenmächte im April 1941 35
        a) Haftung im Rahmen der Kriegskoalition 35
        b) Krieg und Kriegsverbot 35
        c) Uneingeschränkte Geltung des ius in bello,
            insbesondere des humanitären Kriegsvölkerrechts 38

II. Das Kriegsrecht in bezug auf Jugoslawien (1941–1945) 39

    1. Rechtliche Grundlagen 39
        a) Die im Zweiten Weltkrieg maßgeblichen Konventionen 39
        b) Einschränkungen in der Anwendung der Kodifikationen 40
            (1) Allbeteiligungsklausel 41
            (2) Militärische Notwendigkeit 41
        c) Lückenfüllung durch die Martenssche Klausel 42
    2. Das Recht der kriegerischen Besetzung 43
        a) Begriff 43
        b) Voraussetzungen 44
        c) Rechte und Pflichten des Okkupanten 45
    3. Die Stellung der Exilregierung unter besonderer Berücksichtigung
        der jugoslawischen Exilregierung in London 45
        a) Begriff 46
        b) Stellung 46
        c) Ausübung von Staatsgewalt 47
        d) Durchsetzung der Staatsgewalt gegenüber den Staatsangehörigen 47
        e) Bedeutung des Tito-Šubašić-Abkommens 48
    4. Die kriegsvölkerrechtliche Stellung der
        Widerstandsgruppen in Jugoslawien 49
        a) Unterscheidung zwischen legitimen und illegitimen Kombattanten 49
        b) Anerkennung von Widerstandsgruppen 51
        c) Geiselnahmen als Kriegsrepressalie 51
            (1) Zulässigkeit der Kriegsrepressalie 51
            (2) Geiselnahme und Geiseltötung 52

Inhalt 7

III. Die Ausübung besatzungshoheitlicher
Gewalt in den einzelnen Zonen Sloweniens 57

1. Die Deutsche Besatzungszone: der Annexionsversuch 57
   a) Eindeutschung 57
   b) Ausdehnung der Reichsgesetze,
      insbesondere des Staatsangehörigkeitsrechts 57
   c) Deportationen („Umvolkung") 58
   d) Änderungen des Wirtschafts- und Finanzsystems 58
2. Die italienische und ungarische Besatzungszone 59
   a) Ljubljana und adriatische Küste 59
   b) Übermur- und Zwischenmurgebiet 59
3. Die völkerrechtliche Bewertung der
   Ausübung besatzungshoheitlicher Gewalt 60
   a) Gesetzgebung 61
   b) Rechtsprechung 62
   c) Verwaltung 62
   d) Finanzverwaltung 63
   e) Die Rechtsstellung der Zivilbevölkerung 64
      (1) Anspruch auf nationale Integrität 64
          (a) Verbot der Eindeutschung 64
          (b) Verbot der Deportation 64
      (2) Pflicht zum Gehorsam, nicht zur Treue 66
      (3) Grundrechte 66
      (4) Strafen 66
      (5) Eigentum 67
          (a) Beschlagnahme 67
          (b) Requisition von Eigentum 68
              (aa) Formelle Voraussetzungen 68
              (bb) Materielle Voraussetzungen 69
          (c) Zerstörung von Eigentum („Verbrannte Erde") 69
          (d) Requisition von Dienstleistungen 69
      (6) Eigentum der Gemeinden 70
      (7) Requisition von Staatseigentum 70

IV. Die Widerstandsbewegungen und der Bürgerkrieg 73

1. Die Formation der Widerstandsgruppen
   in Jugoslawien und ihre ideologische Ausrichtung 73
   a) Tschetniks 73
      (1) Kampf gegen die Besatzungsmacht im Auftrag der Exilregierung .. 73
      (2) Staatspolitische Zielsetzung 74
      (3) Die Tschetniks in Slowenien 74
   b) Antiimperialistische Front / Befreiungsfront 75
      (1) Entstehung 75
      (2) VOS und OZNA 76
      (3) Verhältnis zur Exilregierung 78
      (4) Maßnahmen zur Machtübernahme im
          wiederzuerrichtenden jugoslawischen Staat 79
   c) Slowenische Widerstandsbewegungen 79
      (1) Legionen 80
      (2) Ortswehren 80
      (3) Landeswehr 81
   d) Exkurs: Zusammenarbeit mit den Besatzungsmächten
      anhand der Beispiele General Leon Rupnik und Dr. Lovro Hacin 82
      (1) General Leon Rupnik 82
      (2) Dr. Lovro Hacin 83
   e) Die Haltung der Kirche in Slowenien zu den Besatzungsmächten 83
      (1) Bischof Rožman 84
      (2) Prof. Dr. Lambert Ehrlich 85
2. Der Paradigmenwechsel der Alliierten in ihrer Einstellung zur Exilregierung
   und den Widerstandsgruppen im Verlauf des Zweiten Weltkriegs 85
   a) Erscheinungsbild der Exilregierung 85
   b) Stimmungsumschwung in London 86
   c) Zusammenarbeit mit Tito 86
   d) Vorgaben für die staatliche Reorganisation 87
   e) Schicksal der Tschetniks (und anderer antikommunistischer Gruppen) . 88
3. Völkerrechtliche Bewertung 89
   a) Die Anerkennung von Aufständischen als kriegführende Partei 89
      (1) Begriff 89
      (2) Voraussetzung der Anerkennung 90
      (3) Wirkungen 91
          (a) Aufwertung der Aufständischen 91

        (b) Völkerrechtliche Haftung 92
        (c) Folgen der Anerkennung durch Drittstaaten 92
    b) Anerkennung der Partisanen durch Großbritannien 93
    c) Anerkennung der Partisanen durch die eigene (Exil-) Regierung 94
    d) Rechtliche Bewertung der Handlungen der Partisanen
       während des Bürgerkriegs 94

TEIL B: SLOWENIEN NACH KRIEGSENDE 1945

I. Die neuen Grenzen unter besonderer
    Berücksichtigung der Triestfrage 99

1. Die Vorgeschichte 99
2. Die Regelungen im Pariser Frieden 100
3. Die Teilung des Gebietes zwischen Jugoslawien und Italien 101
4. Die völkerrechtliche Haftung Jugoslawiens als Besatzungsmacht 102

II. Die staatliche Reorganisation Jugoslawiens
    unter kommunistischer Herrschaft 103

1. Die gesamtjugoslawische Entwicklung (AVNOJ-Sitzungen) 103
2. Die Entwicklung in Slowenien 104
3. Diskriminierendes Wahlrecht 105

III. Die „beschränkte Souveränität" und
     Staatlichkeit der einzelnen Republiken 107

1. Die Stellung der Republiken in der Verfassung 107
2. Slowenien als souveräner Staat? 108
    a) Recht zur Selbstorganisation 108
    b) Ausgestaltung der drei Gewalten 109
       (1) Legislative 109
       (2) Exekutive 109
       (3) Jurisdiktion 109
    c) Das Sezessionsrecht als Merkmal der Souveränität 110

IV. Verfolgung der sog. Kollaborateure 111

1. Schaffung rechtsfreier Räume 111
2. Zuständigkeit des befreiten Staates zur Aburteilung der
   während der Besatzungszeit begangenen Handlungen 112
3. Strafausschließende Rechtfertigungsgründe des Besatzungsrechts 113
   a) „Kollaboration" als politischer Begriff......................... 113
   b) Gehorsamspflicht der Bevölkerung 114
   c) „Kriegsverrat" und „Kriegsrebellion" als massiver
      Verstoß gegen die Gehorsamspflicht 115
      (1) Kriegsverrat 115
      (2) Kriegsrebellion 116
      (3) Gehorsamspflicht gegenüber der Besatzungsmacht 117
   d) Strafausschließende force majeure 117
   e) Strafausschließendes Notwehrrecht 118

V. Behandlung geschützter Personen 121

1. Begriff völkerrechtlich geschützter Personen 121
2. Geschützte Personengruppen 121
   a) Kriegsgefangene 121
   b) Flüchtlinge 122
3. Völkerrechtliche Haftung Großbritanniens 123
   a) Repatriierung von Kriegsgefangenen 123
   b) Übergabe von Flüchtlingen 125
   c) Rechtfertigungsversuch 125

VI. Verletzung des menschenrechtlichen Mindeststandards 127

1. Begriff und Entwicklung der Menschenrechte bis zu
   Beginn des Zweiten Weltkriegs 127
   a) Begriff... 127
   b) Entwicklung 127
2. Verwirklichung der Menschenrechte als
   unveräußerliches alliiertes Kriegsziel 129
   a) Erklärung der Vier Freiheiten 129

	b) Atlantik-Charta 129
	c) Teheran 130
	d) Jalta 130
	e) Anerkennung der Menschenrechte in der Charta des Internationalen Militärtribunals 131

3. Der bei Kriegsende allgemein verpflichtende
   menschenrechtliche Mindeststandard 131
   - a) Der anerkannte Katalog 131
   - b) Verbrechen gegen die Menschlichkeit 132
   - c) Genozid 133
   - d) Typische Menschenrechtsverletzungen in Slowenien 134
     - (1) Verletzung von Justizgrundrechten 135
     - (2) Recht auf Leben und körperliche Unversehrtheit 136
     - (3) Recht auf persönliche Freiheit 136
     - (4) Menschenwürde 136
     - (5) Recht auf Eigentum 137
     - (6) Recht auf Staatsangehörigkeit 137
   - e) Anerkennung der Menschenrechte in der jugoslawischen Verfassung von 1946 137
   - f) Die Durchsetzung der Menschenrechte gegenüber dem eigenen Staat . 138
   - g) Die andauernde Spaltung der slowenischen Gesellschaft in Hinblick auf die Bewertung der Ereignisse während des Zweiten Weltkriegs und danach 139

Zusammenfassung und Ausblick 143

Literaturverzeichnis 151

Abkürzungen 159

Sach- und Personenregister 161

Einleitung

Am 1. Mai 2004 wurde Slowenien zusammen mit sieben weiteren mitteleuropäischen Staaten Mitglied der EU, die mehr als fünfzig Jahre andauernde Spaltung Europas in Ost und West kann damit als endgültig überwunden betrachtet werden. Dennoch liegt die Geschichte des Zweiten Weltkriegs und seiner Folgen bis heute oft wie ein Schatten auf den Beziehungen nicht nur der Völker untereinander, sondern auch innerhalb der Gesellschaften der neuen EU-Mitgliedstaaten. Exemplarisch für einen solchen Konflikt sind die scharfen Auseinandersetzungen zwischen den politischen Lagern in Slowenien um das Kriegsgräbergesetz aus dem Jahr 2003. Die Verabschiedung dieses Gesetzes, das den Umgang der Republik Slowenien mit den auf ihrem Territorium gelegenen Kriegsgräbern regelt, war vorläufiger Endpunkt eines Streits, dessen Ursache in der Uneinigkeit über die Bewertung der slowenischen Geschichte in Krieg und Nachkriegszeit liegen. Heftig kritisiert wurde dabei insbesondere die Einbeziehung der nach Ende der Besatzung im Zuge der kommunistischen Machtübernahme Ermordeten in den Kreis der Kriegsopfer.

Ziel des vorliegenden Gutachtens ist eine völkerrechtliche Untersuchung der Geschehnisse in Slowenien während der Besetzung durch die Achsenmächte Deutschland, Italien und Ungarn und nach deren Ende während der kommunistischen Machtübernahme in Jugoslawien. In den Jahren 1941 bis 1946 geriet die slowenische Zivilbevölkerung zunächst zwischen die Fronten von Besatzungsmächten und den kommunistischen Widerstandskräften. Nach dem Ende der Besatzung folgten Terror und Unterdrückung durch die neuen kommunistischen Machthaber, denen jedes Mittel recht war, vermeintliche Widersacher auszuschalten. Das Bewußtsein über die rechtliche Bewertung der Untaten beider Seiten an der Zivilbevölkerung als Verbrechen ist eine Voraussetzung für die Aussöhnung und den Neubeginn der slowenischen Gesellschaft nach dem Ende der kommunistischen Herrschaft. Die völkerrechtliche Untersuchung der Ereignisse der Jahre 1941 bis 1946 hat daher auch sechzig Jahre nach Kriegsende noch ihre Berechtigung.

Das vorliegende Gutachten stützt sich vorwiegend auf die in dieser Reihe im Jahr 2003 erschienene historische Untersuchung „Das zerrissene Volk – Slowenien 1941–1946" von Frau Dr. Tamara Griesser-Pečar, es versteht sich als deren völkerrechtliche Ergänzung. Der Autor bedankt sich bei Dr. Jože Bernik und Dr. Marija Bernik für die Anregung zu dieser Untersuchung. Für ihre Mitarbeit bei der Erstellung des Gutachtens danke ich meiner Mitarbeiterin Frau Gabriele Scholz und meinem Mitarbeiter Herrn Martin Kunde.

Würzburg, im Winter 2005
Dieter Blumenwitz

Teil A:
Slowenien unter der Herrschaft der Achsenmächte

I. Relevante völkerrechtliche Vorfragen

Befaßt man sich mit den Ereignissen in Jugoslawien an der Wende zum 21. Jahrhundert, so stellt man fest, daß die Ursachen vieler Konflikte in der Vergangenheit des Landes begründet und dort bereits in ähnlicher Form aufgetreten sind. Gleiches gilt, wenn man die Ereignisse des Zweiten Weltkriegs bzw. der Nachkriegszeit historisch aufarbeitet und einer völkerrechtlichen Bewertung unterzieht. Viele Ereignisse dieser Zeit sind auch hier Folge der unterschiedlichen Entwicklung der einzelnen Bevölkerungsgruppen und ihrer unterschiedlichen Ziele. So war Jugoslawien seit seiner Gründung als Königreich der Serben, Kroaten und Slowenen im Jahr 1918 ein von Sezession und Dismembration bedrohter Staat. Insbesondere Slowenien, das wirtschaftlich am weitesten entwickelte und westlich ausgerichtete Gebiet Jugoslawiens, sowie Kroatien strebten seit diesem Zeitpunkt die Eigenstaatlichkeit bzw. ihre Unabhängigkeit in einem föderativen Staat an.

1. Der völkerrechtliche Status Sloweniens/ Jugoslawiens im Frühjahr 1941

Vor der Ausrufung des „Königreiches der Serben, Kroaten und Slowenen" durch König Alexander I. am 1. Dezember 1918[1] hatten die Balkanstaaten eine sehr unterschiedliche Entwicklung sowohl in religiöser und kultureller Hinsicht als auch bzgl. ihrer Eigenstaatlichkeit durchlaufen. Ausgangspunkt dieser divergierenden Entwicklungen war die im Jahr 395 n. Chr. vorgenommene Teilung des römischen Reichs in Ost- und Westrom, die sich in den unterschiedlichen Zugehörigkeiten der einzelnen Länder zum Habsburger oder Osmanischen Reich fortsetzte. Die Grenze zwischen den beiden neu gegründeten Reichen, die durch das heutige Bosnien und Serbien entlang der Drina verläuft, markierte die heute noch bedeutsame Trennung zwischen dem byzantinischen und römischen Machtbereich, die sich auch auf die religiöse und sprachliche Entwicklung der Völker auswirkte. Auf die Teilung zurückzuführen ist u.a., daß sich Slowenen, Kroaten und Dalmatiner zum katholischen Glauben bekannten[2], während sich Serben, Montenegriner und Mazedonier dem or-

---

[1] Kaufmann, ZIR 31 (1923), S. 220; Marek, Identity and continuity of states, S. 240; Beckmann-Petey, Der jugoslawische Föderalismus, S. 31.

[2] Sunjic, Woher der Haß?, S. 121; Singleton, History of the Yugoslav peoples, S. 16 f; Kaufmann, ZIR 31 (1923), S. 214.

thodoxen Glauben zuwandten[3] und Bosnien-Herzegowina unter dem Einfluß der Türken islamisiert wurde[4]. Aus der Teilung der beiden Reiche resultiert weiter, daß in einigen Gebieten das lateinische, in anderen hingegen das kyrillische Alphabet benutzt wird.

a) Die Entwicklung der einzelnen Gebiete bis 1918

(1) Slowenien
Ein erstes slowenisches Gemeinwesen bestand als „Staat der Karantaner Slowenen" von der Mitte des 7. Jahrhunderts bis zur Mitte des 8. Jahrhunderts. Nach wechselnder Abhängigkeit von verschiedenen Königreichen fiel Slowenien 1355 an Habsburg und blieb bis 1918 Teil der Monarchie[5].

(2) Kroatien
Ein erstes kroatisches Königreich, dessen genaue Ausdehnung umstritten ist[6] und das sich in der Mitte des 11. Jahrhunderts auf dem Höhepunkt seiner Macht befand, rief zu Beginn des 9. Jahrhunderts Tomislav aus. Nach dem Tod des letzten Königs Zvonimir (1076–1089) wurde es ab 1102 von dem ungarischen Prinzen Kálmán regiert und ab 1106 autonomer Teil des ungarischen Königreichs mit eigener Versammlung (Sabor), eigenem Steuersystem und eigener Armee[7]. Nach dem osmanischen Sieg bei Mohacs 1526 und nach der Schaffung der österreichisch-ungarischen Personalunion wählte im Jahr 1527 der Sabor Ferdinand von Habsburg auch zum kroatischen König[8]. Die Folgezeit war von den Versuchen Ungarns, die Autonomie Kroatiens zu reduzieren[9], und den Forderungen Kroatiens nach einer Vereinigung aller kroatischen Länder geprägt[10]. Durch den ungarisch-kroatischen Ausgleich vom 24. Oktober 1868, der eine Folge des österreichisch-ungarischen Ausgleichs (Dua-

---

3   Singleton, Yugoslavia, S. 18; ders., History of the Yugoslav peoples, S. 16 ff., Beckmann-Petey, Der jugoslawische Föderalismus, S. 25.
4   Singleton, Yugoslavia, S. 18; ders., History of the Yugoslav peoples, S. 14; Beckmann-Petey, Der jugoslawische Föderalismus, S. 25.
5   Beckmann-Petey, Der jugoslawische Föderalismus, S. 25; Singleton, History of the Yugoslav peoples, S. 18.
6   Singleton, History of the Yugoslav peoples, S. 28.
7   Singleton, History of the Yugoslav peoples, S. 29; Weithmann, Balkanchronik, S. 79.
8   Sundhaussen, Geschichte Jugoslawiens, S. 14; Singleton, History of the Yugoslav peoples, S. 29, 49; ders., Yugoslavia, S. 22; Hondius, Yugoslav Community, S. 40.
9   Bartl, Jugoslawische Geschichte, S. 46; Libal, Das Ende Jugoslawiens, S. 16.
10 Beckmann-Petey, Der jugoslawische Föderalismus, S. 27; Bartl, Jugoslawische Geschichte, S. 41.

lismus) von 1867 war und in dessen Folge aus dem Kaisertum Österreich die Doppelmonarchie wurde[11], erhielt Kroatien einen halbautonomen Status[12].

(3) Serbien

Ende des 8. Jahrhunderts entstand ein Königreich der Serben, das im 14. Jahrhundert das Gebiet des Kosovo, Teile des heutigen Serbien, Montenegros, Albaniens, Nordgriechenlands, Bosniens, der Herzegowina und Mazedoniens umfaßte[13]. Auf eine kulturelle Blütezeit unter dem Zaren Dusan (1331–1355), in der u.a. das „Gesetzbuch des Zaren Dusan" erlassen wurde, folgte mit der Schlacht auf dem Amselfeld 1389, bei der die Serben von den Türken geschlagen wurden, der Niedergang des Reiches[14]. Die mit dieser Niederlage beginnende osmanische Herrschaft dauerte bis 1878, als auf dem Berliner Kongreß die Unabhängigkeit Serbiens vom Osmanischen Reich anerkannt wurde; zugleich erhielt Serbien als Gegenleistung für seine Teilnahme am türkisch-russischen Krieg von 1877 das Gebiet zwischen Nis und der mazedonischen Grenze[15]. 1882 wurde das serbische Fürstentum in ein Königreich umgewandelt[16]. In den Jahren 1912/13 nahm Serbien an den Balkankriegen teil, in deren Folge sich die Türken vom Balkan zurückzogen, die gesamte Halbinsel den Slawen überließen und das Gebiet Serbiens um Mazedonien vergrößert wurde[17].

(4) Weitere Gebiete

Die übrigen Balkanstaaten – Bosnien-Herzegowina, Mazedonien und Montenegro – befanden sich die meiste Zeit ihrer Geschichte unter Fremdherrschaft. Bosnien und die Herzegowina gehörten ab 1463 zum Osmanischen Reich, nachdem sie zuvor unter byzantinischer, serbischer und ungarischer Herrschaft gestanden hatten[18].

---

11 Weithmann, Balkanchronik, S. 240.
12 Beckmann-Petey, Der jugoslawische Föderalismus, S. 26; Hondius, Yugoslav Community, S. 66.
13 Hondius, Yugoslav Community, S. 41; Bartl, Jugoslawische Geschichte, S. 21; Singleton, History of the Yugoslav peoples, S. 26.
14 Beckmann-Petey, Der jugoslawische Föderalismus, S. 27; Bartl, Jugoslawische Geschichte, S. 32; Razumovsky, Chaos Jugoslawien, S. 25.
15 Bartl, Jugoslawische Geschichte, S. 56; Singleton, Yugoslavia, S. 39; Razumovsky, Chaos Jugoslawien, S. 25.
16 Beckmann-Petey, Der jugoslawische Föderalismus, S. 27; Bartl, Jugoslawische Geschichte, S. 56.
17 Singleton, History of the Yugoslav peoples, S. 40.
18 Hondius, Yugoslav Community, S. 43.

(a) Bosnien

Erwähnenswert in der bosnischen Geschichte ist die Lehre der Bogumilen, einer im 11. Jahrhundert von Mazedonien aus eindringenden Sektenbewegung, die zur Gründung einer Bosnischen Kirche führte[19] und die erst unter der türkischen Herrschaft verschwand, nachdem der bosnische Adel zum moslemischen Glauben übergetreten war[20], um so seinen Landbesitz zu retten. Gegen Ende des 14. Jahrhunderts wurde Bosnien für kurze Zeit zum mächtigsten Staat auf dem Balkan. 1376 rief der bosnische Ban (Fürst) Tvrtko das Königreich Serbien und Bosnien aus und nahm 1390 auch den Titel „König von Dalmatien und Kroatien" an[21]. Mit seinem Tod zerfiel das Reich jedoch und wurde schließlich 1908 von Österreich-Ungarn annektiert[22].

(b) Montenegro

Montenegro wurde zunächst von Serbien und ab 1499 von den Türken beherrscht, behielt aber wegen seiner unzugänglichen Landschaft – und im Gegensatz zu Serbien – immer eine gewisse Eigenständigkeit[23]. Wie auch im Falle Serbiens wurde die Unabhängigkeit Montenegros auf dem Berliner Kongreß 1878 anerkannt[24].

(c) Mazedonien

Mazedonien verlor seine Unabhängigkeit bereits im frühen Mittelalter und unterstand abwechselnd den Bulgaren, Griechen, Serben und schließlich den Türken, bis es im Zuge der Balkankriege 1912/13 aufgeteilt wurde[25].

b) Die Entwicklung zwischen 1918 und 1941

Bereits im 19. Jahrhundert existierten politische Strömungen, die eine Vereinigung der Balkanländer zum Ziel hatten. Insbesondere war dies die in Kroatien gegründete „Illyrische Bewegung"[26], deren Ziel ein souveräner südslawischer Staat war und die

---

19 Zalar, Yugoslav communism, S. 6 f.; Singleton, History of the Yugoslav peoples, S. 29.
20 Wolfrum, Die Völker und Nationalitäten, S. 29; Ivanisevic, SOM 1993, S. 217.
21 Zalar, Yugoslav communism, S. 6.
22 Beckmann-Petey, Der jugoslawische Föderalismus, S. 28; Sundhaussen, Geschichte Jugoslawiens, S. 23; von Reiswitz, Die politische Entwicklung Jugoslawiens, S. 68; Ivanisevic, SOM 1993, S. 219; Razumovsky, Chaos Jugoslawien, S. 38.
23 Singleton, History of the Yugoslav peoples, S. 34; Zalar, Yugoslav communism, S. 7.
24 Zalar, Yugoslav communism, S. 7; Beckmann-Petey, Der jugoslawische Föderalismus, S. 28.
25 Razumovsky, Chaos Jugoslawien, S. 34; Singleton, History of the Yugoslav peoples, S. 33 f.
26 Nach den „Illyrischen Provinzen" unter der napoleonischen Besetzung 1809.

den Begriff „jugoslawisch" entscheidend prägte[27], sowie die in den 60er Jahren des 19. Jahrhunderts vom kroatischen Bischof Josip Juraj Strossmayer gegründete Organisation, die diesen übernationalen Gedanken wieder aufgriff[28]. Im Gegensatz dazu kamen auf kroatischer und serbischer Seite nationalistische Bestrebungen auf, die der Idee eines Groß-Serbien bzw. Groß-Kroatien anhingen[29].

(1) Einigungsbestrebungen
Vor dem Ersten Weltkrieg herrschten vier politische Strömungen, die sich mit der Zukunft Jugoslawiens befaßten, vor: die panserbische, die kroatische, der Gedanke des Trialismus[30] und die jugoslawische Idee[31]. Während der Trialismus Anhänger unter den serbo-kroatischen Katholiken und in den katholischen Kreisen Österreichs fand, hatte die jugoslawische Idee nur wenige Anhänger, da sie von Rußland und Serbien abgelehnt wurde und zudem die völlige Auflösung des Habsburger Reiches voraussetzte[32].

Wegen der sich im Ersten Weltkrieg abzeichnenden Niederlage Österreich-Ungarns und der damit einhergehenden Zerfallserscheinungen des Vielvölkerstaats setzte sich dennoch die jugoslawische Idee durch[33]. Grundlage dieser Entwicklung waren die 1917 vom amerikanischen Präsidenten Wilson entwickelten 14 Punkte, deren zentrale Aussage das Zugeständnis an die Nationalitäten der Habsburger Monarchie war, im Rahmen des anerkannten Selbstbestimmungsrechts der Völker eigenständig über ihre weitere Zukunft zu entscheiden[34]. Bereits im Jahr 1915 hatten Emigranten der Donaumonarchie in Paris formell das „Jugoslawische Komitee" gegründet[35]. Ziel des Komitees war die Gründung eines einheitlichen jugoslawischen bzw. serbo-kroatischen Staates[36]. Schon die ersten Verhandlungen mit der serbischen Regierung zeigten jedoch Differenzen über die künftige Staatsstruktur, da

---

27 Hondius, Yugoslav Community, S. 59.
28 Bartl, Jugoslawische Geschichte, S. 68; Sundhaussen, Geschichte Jugoslawiens, S. 27; Boric, Perspektiven, S. 54.
29 Kaufmann, ZIR 31 (1923), S. 215; Marek, Identity and continuity of states, S. 238.
30 Die Schaffung eines souveränen südslawischen Staates unter Habsburger Führung, Hondius, Yugoslav Community, S. 80.
31 Marek, Identity and continuity of states, S. 238; Kaufmann, ZIR 31 (1923), S. 214, der als vierten Lösungsversuch das „divide-et-impera-Prinzip" nennt.
32 Kaufmann, ZIR 31 (1923), S. 215; Marek, Identity and continuity of states, S. 238.
33 Bartl, Jugoslawische Geschichte, S. 69.
34 Singleton, History of the Yugoslav peoples, S. 47.
35 Beckmann-Petey, Der jugoslawische Föderalismus, S. 29, Anm. 32; Höpken, Die Unfähigkeit zusammenzuleben, S. 36 f.; Bartl, Jugoslawische Geschichte, S. 69.
36 Beckmann-Petey, Der jugoslawische Föderalismus, S. 29.

das Komitee einen föderalen Aufbau befürwortete, die Serben hingegen einen zentralistischen Staatsaufbau forderten[37].

Dennoch verabschiedeten Vertreter der serbischen Regierung und des „Jugoslawischen Komitees" am 20./27. Juli 1917 die Deklaration von Korfu, in der die Gründung eines gemeinsamen Staates der Serben, Kroaten und Slowenen als konstitutionelle und parlamentarische Monarchie unter der serbischen Dynastie der Karadjordjevic vereinbart wurde[38]. Anfang Oktober 1918[39] konstituierte sich der „Nationale Rat der Serben, Kroaten und Slowenen" als Vertretung der Südslawen in Österreich-Ungarn[40]. Bereits kurze Zeit später, am 29. Oktober 1918, proklamierte man einen gemeinsamen souveränen „Staat der Slowenen, Kroaten und Serben" auf dem ehemals österreichisch-ungarischen Gebiet dieser Völker, anerkannte den „Nationalen Rat" als höchste Gewalt des neuen Staates und löste alle staatsrechtlichen Beziehungen zu Österreich-Ungarn[41]. Wegen der angespannten innen- und außenpolitischen Lage[42] bot der auf dem Gebiet der ehemaligen Donaumonarchie konstituierte Nationale Rat am 24. November 1918 dem Königreich Serbien die Vereinigung mit dem „Staat der Slowenen, Kroaten und Serben" unter dem serbischen König an. Dieses Angebot akzeptierte, nachdem sich zuvor die Vojvodina, Montenegro und Bosnien-Herzegowina an Serbien angeschlossen hatten, Prinzregent Alexander am 1. Dezember 1918 und proklamierte das „Königreich der Serben, Kroaten und Slowenen"[43].

(2) Das Königreich der Serben, Kroaten und Slowenen
Bei dem Königreich der Serben, Kroaten und Slowenen handelte es sich um einen neuen, durch die Fusion zweier Staaten entstandenen Staat, auch wenn in Rechtsprechung und Literatur z.T. die Auffassung vertreten wurde, Serbien habe sich le-

---

37 Sundhaussen, Geschichte Jugoslawiens, S. 36; Beckmann-Petey, Der jugoslawische Föderalismus, S. 31.
38 Sundhaussen, Geschichte Jugoslawiens, S. 36; Weithmann, Krisenherd Balkan, S. 86; Marek, Identity and continuity of states, S. 238.
39 Beckmann-Petey (Der jugoslawische Föderalismus, S. 31) erwähnt den 8. Oktober 1918, Sundhaussen (Geschichte Jugoslawiens, S. 36) hingegen den 5. u. 6. Oktober 1918.
40 Beckmann-Petey, Der jugoslawische Föderalismus, S. 30; Sundhaussen, Geschichte Jugoslawiens, S. 37; ders., Experiment Jugoslawien, S. 34.
41 Kaufmann, ZIR 31 (1923), S. 218; Marek, Identity and continuity of states, S. 239; Sundhaussen, Geschichte Jugoslawiens, S. 37; ders., Experiment Jugoslawien, S. 34.
42 Italien hatte u.a. Triest und einen Teil Dalmatiens besetzt.
43 Beckmann-Petey, Der jugoslawische Föderalismus, S. 31; Marek, Identity and continuity of states, S. 240; Sundhaussen, Geschichte Jugoslawiens, S. 38.

diglich vergrößert⁴⁴. Grundlage dieser unter dem Gesichtspunkt der Lehre von der Staatensukzession⁴⁵ zu betrachtenden Frage war Art. 297 (h) des am 28. Juni 1919 unterzeichneten Versailler Vertrages. Danach waren die Erlöse aus der Liquidation deutscher Güter, Rechte und Interessen in den nach dem Krieg neu entstandenen Staaten direkt an die deutschen Eigentümer auszuzahlen. Während Einigkeit darüber herrschte, daß mit Polen und der Tschechoslowakei neue Staaten entstanden seien, wurde dies für das Königreich der Serben, Kroaten und Slowenen abgelehnt. Begründet wurde dies mit dem Wortlaut der abgeschlossenen Friedens- und Minderheitenverträge von Paris, in denen ausschließlich Polen und die Tschechoslowakei, nicht aber das Königreich der Serben, Kroaten und Slowenen als „neue Staaten" genannt seien (vgl. Art. 248 (d) des Vertrages von St. Germain⁴⁶, Art. 231 (d) des Vertrages von Trianon⁴⁷). Diese Interpretation der Verträge ist jedoch unter Berücksichtigung auch der bestehenden nationalen Interessen abzulehnen⁴⁸ und mit der Gegenmeinung von einer Fusion der beiden Staaten auszugehen, deren theoretische Grundlage folgende Formel Samuel Pufendorffs darstellt:

„Ad eiusmodi mutationem, que civitas aliqua eadem esse definit, referunt quoque si duo populi uniantur, non per modum foederis, aut per communem regem, sed ut revera ex duabus civitatibus una fiat. ... Est tamen accurate considerandum aut duo pluresve populi ita se coniugant, ut pari denceps omnes iure novam aliquam civitatem constitutum eant."⁴⁹

Voraussetzung für die Vereinigung zweier Staaten (Fusion) und gleichzeitig Merkmal zur Abgrenzung von einer Annexion ist danach:

---

44 Kaufmann, ZIR 31 (1923), S. 211; Döring, JW 1920, S. 352.
45 Nach der Lehre von der Staatensukzession entscheidet sich die Kontinuität der Rechtsverhältnisse, vgl. dazu Berber, Völkerrecht I, S. 252 ff.
46 Text abgedruckt in Jahrbuch des Völkerrechts Bd. 7 (1922), S. 250 ff.
47 Text abgedruckt in Jahrbuch des Völkerrechts Bd. 8 (1922), S. 471 ff.
48 Gerade diese Friedens- und Minderheitenverträge sahen jedoch das Königreich der Serben, Kroaten und Slowenen als einen „neuen", aus dem Zerfall der österreichisch-ungarischen Monarchie entstandenen Staat an, und auch die Vertreter des Königreichs selbst gingen davon aus, daß ein neuer Staat entstanden war, vgl. dazu ausführlich Kaufmann, ZIR 31 (1923), S. 226 ff.
49 „Zu derartigen Veränderungen, durch die ein Staat aufhört derselbe zu sein, zählt man auch die Vereinigung zweier Völker, und zwar nicht mittels eines Bündnisses oder durch einen gemeinsamen König, sondern so, daß tatsächlich aus zwei Staaten einer wird. Dabei ist allerdings genau zu prüfen, ob sich die zwei oder mehr Völker so vereinigen, daß sie alle gleich an Rechten den neuen Staat konstituieren." (Übersetzung des Verfassers, zitiert aus: Kaufmann, ZIR 31 (1923), S. 212).

1. The existence of at least two states, subjects of international law;
2. A union must be the product of a joint will of the uniting states, formulated and expressed by proper organs whose will is imputable to the respective states;
3. The union must result in the extinction of the uniting states as separate subjects of international law and the creation of an entirely new state[50].

Unstreitig ist, daß es sich sowohl beim Königreich Serbien als auch dem Staat der Slowenen, Kroaten und Serben um Staaten i.S.d. Völkerrechts handelte. Gemäß der Drei-Elementen-Lehre (auf die nachfolgend näher eingegangen werden wird) verfügte insbes. der Staat der Serben, Kroaten und Slowenen über ein Staatsgebiet, ein Staatsvolk und eine Staatsgewalt in Form des Nationalen Rates[51]. Diese beiden Staaten hatten sich aufgrund eines übereinstimmenden Willens vereinigt. Gegen eine Annexion wurde angeführt, daß sich der „Staat der Serben, Kroaten und Slowenen" niemals von Serbien hätte annektieren oder inkorporieren lassen, die Initiative zur Bildung eines neuen Staates vielmehr von der jugoslawischen Seite, d.h. von dem auf vormals Habsburger Gebiet gegründeten Staat ausgegangen sei, während das Königreich Serbien dieses Angebot vom 24. November 1918 lediglich akzeptiert habe[52]. Resultat des Zusammenschlusses dieser beiden Staaten sei ein neuer Staat, eine „civitas nova", gewesen, der nicht mit einem der Vorgängerstaaten identisch gewesen sei. Dies ergebe sich insbesondere daraus, daß die beiden vorhandenen Parlamente und Regierungen aufgehört hätten zu existieren und die serbische Verfassung durch eine neue Verfassung für das neu geschaffene Königreich ersetzt worden sei[53]. Zudem sei der neue Staat – wenn auch z. T. verzögert – international als solcher anerkannt worden[54].

Am 28. Juni 1921 erhielt das neu entstandene Königreich eine Verfassung, die einen zentralistischen Staatsaufbau vorsah. Nachdem die serbischen Kräfte die dominierende Stellung im Land eingenommen hatten und wegen immer stärker zu Tage tretender innerstaatlicher Spannungen[55] suspendierte der König am 6. Januar 1929 die Verfassung, löste das Parlament auf, verbot die Parteien, die für eine Änderung

---

50 Marek, Identity and continuity of states, S. 242 f.
51 Vgl. Marek, Identity and continuity of states, S. 243; Kaufmann, ZIR 31 (1923), S. 223; Oppenheim/Lauterpacht, International Law, Vol. I, S. 121 f.
52 Marek, Identity and continuity of states, S. 245 f.; Kaufmann, ZIR 31 (1923), S. 223.
53 Marek, Identity and continuity of states, S. 247; Kaufmann, ZIR 31 (1923), S. 222.
54 Marek, Identity and continuity of states, S. 248; Kaufmann, ZIR 31 (1923), S. 225; Döring, JW 1920, S. 355.
55 Vor allem Kroatien drängte auf größere Unabhängigkeit innerhalb des Staatsverbandes bzw. die Errichtung eines eigenen kroatischen Staates.

der Staatsorganisation eintraten, und installierte eine Königsdiktatur[56]. Das Land wurde in „Königreich Jugoslawien" umbenannt und eine Gebietsreform durchgeführt, die keine Rücksicht auf nationale Gegebenheiten nahm[57]. Ante Pavelić gründete daraufhin im italienischen Exil die „Ustascha", eine revolutionäre Organisation, mit dem Ziel, einen unabhängigen kroatischen Staat zu schaffen. Zwar verkündete der König auf innen- und außenpolitischen Druck hin am 3. September 1931 eine neue Verfassung, an den tatsächlichen Verhältnissen änderte sich aber nichts[58]. Die Zustände im Land führten dazu, daß die kroatische und serbische Opposition sich einander annäherten und im Oktober 1937 ein „Nationales Abkommen" schlossen, in dem vereinbart wurde, daß Kroaten und Serben gleichberechtigt herrschen sollten[59].

(3) Einheitsstaat und Auflösungstendenzen
Nach dem Tod König Alexanders, der am 9. Oktober 1934 bei einem Staatsbesuch in Marseille einem Attentat zum Opfer fiel, übernahm Prinz Paul die Staatsgeschäfte für den noch minderjährigen Thronfolger Peter[60]. Unter ihm bahnte sich eine Wende vor allem in der Innenpolitik an, die am 26. August 1939 in einem Abkommen mit Vertretern der Kroaten mündete[61]. Inhalt des Abkommens war die Gründung der Banschaft Kroatien, die in Fragen der Landwirtschaft, des Gesundheitswesens, der Justiz und des Bildungswesens weitgehende Autonomie erhielt und lediglich in außenpolitisch relevanten Bereichen (Verteidigung, Außenpolitik und Finanzwesen) der Führung durch den Zentralstaat unterstand[62]. Eine wesentliche Änderung der Verhältnisse trat jedoch nicht ein, da nationalistische und separatistische kroatische Kräfte mittlerweile einen selbständigen Staat und damit die Auflösung Jugoslawiens forderten[63]. Auch in Slowenien, Montenegro und Mazedonien erstarkten Gruppierungen, die eine Neuordnung des Staates oder gleichfalls separatistische Ziele

---

56 Bartl, Jugoslawische Geschichte, S. 102; Libal, Das Ende Jugoslawiens, S. 24; Sundhaussen, Geschichte Jugoslawiens, S. 77; Fricke, Kroatien 1941–1944, S. 11.
57 Beckmann-Petey, Der jugoslawische Föderalismus, S. 33; Höpken, Die Unfähigkeit zusammenzuleben, S. 40 f.; Sundhaussen, Experiment Jugoslawien, S. 57.
58 Beckmann-Petey, Der jugoslawische Föderalismus, S. 33; Bartl, Jugoslawische Geschichte, S. 104; Razumovsky, Chaos Jugoslawien, S. 53.
59 Beckmann-Petey, Der jugoslawische Föderalismus, S. 34.
60 Singleton, History of the Yugoslav peoples, S. 49.
61 Bartl, Jugoslawische Geschichte, S. 124; Sundhaussen, Geschichte Jugoslawiens, S. 100.
62 Libal, Das Ende Jugoslawiens, S. 36; Sundhaussen, Geschichte Jugoslawiens, S. 99; Bartl, Jugoslawische Geschichte, S. 124.
63 Sundhaussen, Geschichte Jugoslawiens, S. 100.

verfolgten⁶⁴. Eine abschließende Regelung des Konflikts blieb wegen der außenpolitischen Ereignisse jedoch aus. Am 25. März 1941 trat Jugoslawien, das 1937 bereits einen Pakt mit Italien geschlossen hatte⁶⁵, nach Ungarn, Rumänien und Bulgarien dem Dreimächtepakt bei⁶⁶. Das jugoslawische Volk und das Militär stürzten am 26./27. März 1941 die Regierung und die neuen Machthaber schlossen einen Nichtangriffspakt mit der Sowjetunion⁶⁷. Deutschland begann daraufhin am 6. April 1941 ohne vorherige Kriegserklärung mit dem Jugoslawienfeldzug, der am 17. April 1941 mit der bedingungslosen Kapitulation der jugoslawischen Streitkräfte endete⁶⁸. Der mittlerweile regierende König Peter und die Regierung gingen ins Exil nach London⁶⁹.

Das Königreich der Serben, Kroaten und Slowenen war zu diesem Zeitpunkt – trotz der separatistischen Bewegungen einiger Volksgruppen und der Kroatien zugestandenen Teilautonomie – weder ein Staatenbund noch ein Bundesstaat. Das Königreich hatte grundsätzlich seine einheitsstaatlichen Strukturen beibehalten und war in der Ausübung seiner staatlichen Souveränität rechtlich nicht eingeschränkt.

c) Rechtfertigung der „slowenischen Nation" und ihres 1991 ausgeübten Selbstbestimmungsrechts

Bereits die vorstehend aufgezeigte Entwicklung verdeutlicht, daß der Zerfall Jugoslawiens und die Gründung u.a. eines slowenischen Staates vorgezeichnet war und durch Krieg und Titoismus nur aufgeschoben wurde. Die Unabhängigkeit Sloweniens 1991 war somit das Ergebnis eines sich zu Beginn des Kriegs abzeichnenden Sezessionsprozesses, der mit der Anerkennung des Selbstbestimmungsrechts der Völker durch Wilson seinen Anfang nahm und später sowohl in der Atlantik-Charta vom 14. August 1941⁷⁰ als auch der Satzung der Vereinten Nationen seine Fortsetzung

---

64 Höpken, Die Unfähigkeit zusammenzuleben, S. 42; Libal, Das Ende Jugoslawiens, S. 38 f.
65 Und das durch den starken wirtschaftlichen Einfluß Deutschlands bereits in dessen Einflußbereich lag, vgl. Singleton, History of the Yugoslav peoples, S. 49.
66 Beckmann-Petey, Der jugoslawische Föderalismus, S. 36; Libal, Das Ende Jugoslawiens, S. 43; Sundhaussen, Geschichte Jugoslawiens, S. 108; Bartl, Jugoslawische Geschichte, S. 126.
67 Beckmann-Petey, Der jugoslawische Föderalismus, S. 36; Libal, Das Ende Jugoslawiens, S. 43; Sundhaussen, Geschichte Jugoslawiens, S. 108.
68 Sundhaussen, Geschichte Jugoslawiens, S. 108; Bartl, Jugoslawische Geschichte, S. 127; Singleton, History of the Yugoslav peoples, S. 50.
69 Bartl, Jugoslawische Geschichte, S. 128; Singleton, History of the Yugoslav peoples, S. 50; Libal, Das Ende Jugoslawiens, S. 48.

I. Relevante völkerrechtliche Fragen 27

fand. Unabhängig von einer den Rahmen dieser Arbeit sprengenden Erörterung der Problematik, ob und unter welchen Voraussetzungen das Selbstbestimmungsrecht eine Sezession rechtfertigt, zeigt die geschichtliche Entwicklung, daß die Slowenen über eine sprachliche und kulturelle Homogenität verfügten, die sie zu einem Träger des Selbstbestimmungsrechts machten. Obwohl nur kurz, verfügten die Slowenen zudem über eine staatliche Eigenständigkeit. Die enge bestehende Beziehung zu den Habsburgern mit der Einbindung in die westlich-abendländische Kultur und die herrschenden geistesgeschichtlichen Strömungen (z.B. der Aufklärung) hinterließen tiefe Spuren, die zur Ausprägung eines slowenischen Selbstverständnisses führten[71]. Mit der Illyrischen Bewegung des 19. Jahrhunderts zeigten sich zudem bereits Ansätze eines Bewußtseins der Slowenen für ihre auf der geschichtlichen, sprachlichen und religiösen Entwicklung beruhenden Eigenständigkeit, die schließlich in Unabhängigkeitsreferendum und -erklärung der Jahre 1990/91[72] den Willen zum Ausdruck brachten, ihr Schicksal selbst zu bestimmen.

2. Die „Zerschlagung" des jugoslawischen Staates durch die Achsenmächte

a) Territoriale Neuordnung

Unmittelbar nach der Kapitulation der jugoslawischen Armee gingen Hitler und seine Verbündeten daran, Jugoslawien „als Staat zu zerschlagen"[73], und teilten das Land unter sich auf. An die Stelle des ehemaligen SKS-Staates trat eine Mixtur aus Vasallenstaat, Gebietsabtretungen und Besatzungsgebieten[74].

(1) Slowenien
Slowenien wurde unter Ungarn, dem Deutschen Reich und Italien aufgeteilt. Ungarn erhielt das Ober- und Zwischenmurgebiet. Der nördliche Teil Sloweniens, die Un-

---

70 In der die Vereinigten Staaten und Großbritannien erklärten, sie wünschten keine territorialen Veränderungen, die nicht mit den frei ausgedrückten Wünschen der betroffenen Bevölkerung übereinstimmten.
71 Singleton, History of the Yugoslav peoples, S. 51.
72 Libal, Das Ende Jugoslawiens, S. 154.
73 Hösch, Geschichte der Balkanländer, S. 206; Sundhaussen, Geschichte Jugoslawiens, S. 110; Fricke, Kroatien 1941–1944, S. 16.
74 Weithmann, Balkanchronik, S. 408; Hösch, Geschichte der Balkanländer, S. 226.

tersteiermark, der südliche Randstreifen von Kärnten und Oberkrain wurden der Ostmark einverleibt und den südlichen Teil Sloweniens mit Ljubljana erhielt Italien[75].

(2) Übrige Gebiete
Der Großteil Mazedoniens ging an Bulgarien und der Kosovo an Albanien[76], Montenegro wurde italienischer Satellitenstaat und die Gebiete nördlich der Donau erhielt Ungarn[77]. Serbien wurde unter deutsche Militärverwaltung gestellt und bis 1944 von einer Regierung unter Leitung Milan Nedićs regiert.

(3) Die Sonderstellung Kroatiens
Eine besondere Stellung nahm Kroatien ein. Der zunächst geplante Anschluß des Landes an Ungarn scheiterte an der Ablehnung Ungarns, das die „Unzuverlässigkeit" Kroatiens monierte. Aus diesem Grunde beabsichtigten die Besatzungsmächte die Errichtung eines „selbständigen Kroatien"[78] und übertrugen die Regierung auf Veranlassung Mussolinis dem Ustascha-Führer[79] (Poglavnik) Ante Pavelić, der im Jahr 1934 maßgeblich an dem Attentat auf König Alexander beteiligt gewesen war und sich im italienischen Exil befand[80]. Am 10. April 1941 proklamierte Slavko Kvaternik, ein Anhänger Pavelićs, den „Unabhängigen Kroatischen Staat" (NDH), dessen offizielles Oberhaupt der Herzog von Spoleto war[81]. Anerkannt wurde dieser „Staat" nur von den Achsenmächten, die gleichzeitig den jugoslawischen Staat für zerfallen erklärten[82].

Tatsächlich beruhte die Lebensfähigkeit Kroatiens ausschließlich auf der Anwesenheit der beiden Besatzungsmächte, die das kroatische Staatsgebiet in durch Demarkationslinien getrennte Interessengebiete aufteilten und auf alle wesentlichen Entscheidungen Einfluß nahmen[83]. Von Beginn seiner Regierungstätigkeit an ver-

---

75 Hösch, Geschichte der Balkanländer, S. 224 f; Weithmann, Balkanchronik, S. 408.
76 Das von Italien okkupiert war.
77 Weithmann, Balkanchronik, S. 408 f, Sundhaussen, Geschichte Jugoslawiens, S. 113.
78 Unter der Regierung des kroatischen Politikers Maček, der das deutsche Angebot jedoch zurückwies, Weithmann, Balkanchronik, S. 410; Sundhaussen, Geschichte Jugoslawiens, S. 111.
79 Bei der Ustascha handelte es sich um eine 1929 von Pavelić gegründete faschistoide kroatische Splittergruppe, deren Hauptziel die Errichtung eines souveränen, national-exklusiven Kroatien unter Einschluß Bosniens und der Herzegowina sowie anderer Gebiete, in denen Kroaten die Minderheit darstellten, war, vgl. Weithmann, Balkanchronik, S. 380.
80 Hösch, Geschichte der Balkanländer, S. 231; Sundhaussen, Geschichte Jugoslawiens, S. 111; Razumovsky, Chaos Jugoslawien, S. 59.
81 Dieser hat allerdings kroatisches Gebiet nie betreten, vgl. Beckmann-Petey, Der jugoslawische Föderalismus, S. 36.
82 Sundhaussen, Geschichte Jugoslawiens, S. 112; Razumovsky, Chaos Jugoslawien, S. 59.
83 Fricke, Kroatien 1941–1944, S. 19.

zichtete Pavelić darauf, außenpolitisch tätig zu werden. Dies, so teilte er in einer Unterredung dem Sonderbevollmächtigten von Ribbentrop am 13. April 1941 mit, überlasse er Adolf Hitler[84]. Das „Staatsgebiet", dessen Grenzen wegen des italienischen Widerstandes nie abschließend festgelegt werden konnten[85], wurde bereits durch die am 18. Mai 1941 zwischen Italien und Kroatien geschlossenen „Römischen Verträge", in denen die Annexion eines breiten an der Adria gelegenen Küstenstreifens durch Italien vereinbart war, reduziert. Im gesamten „Staatsgebiet" fehlte es an kroatischen Beamten und Militärs[86] zur Aufrechterhaltung der öffentlichen Ordnung, was sich insbesondere zeigte, als die Tschetniks und die Partisanen unter Tito im Juni 1941 begannen, in das kroatische Hoheitsgebiet einzudringen. Wegen der personellen Schwäche der Verteidigungskräfte entstand bereits 1942 im Raum südlich von Banja Luca ein „Partisanenreich" mit ca. 35.000 gut organisierten und ausgerüsteten Kämpfern, die von der Bevölkerung unterstützt wurden[87]. Nur mit Hilfe Italiens und Deutschlands, die die kroatischen Behörden ihrer Befehlsgewalt unterstellt hatten, gelang es, die Ordnung im Land zumindest z.T. aufrechtzuerhalten[88]. Mit dem Rückzug der beiden Mächte wurde ganz Kroatien von den Partisanen besetzt und mit Kriegsende hörte der kroatische „Staat" auf zu existieren[89].

b) Bedeutung für den Fortbestand Jugoslawiens als Völkerrechtssubjekt

Entgegen der Auffassung der Achsenmächte war Kroatien kein Staat i.S.d. Völkerrechts[90], und ist auch das Völkerrechtssubjekt Jugoslawien nicht untergegangen.

(1) Die mangelnde Staatsqualität Kroatiens
Die fehlende Staatsqualität Kroatiens ergibt sich ohne weiteres aus der auch in der Völkerrechtslehre geltenden und aus der Allgemeinen Staatenlehre entwickelten

---

84 Sundhaussen, Geschichte Jugoslawiens, S. 115 f.
85 Fricke, Kroatien 1941–1944, S. 34.
86 Da Kroatien in den Römischen Verträgen auf eine eigene Armee verzichtet hatte, vgl. Fricke, Kroatien 1941–1944, S. 21; Strugar, Jugoslawischer Volksbefreiungskrieg, S. 20.
87 Fricke, Kroatien 1941–1944, S. 34.
88 Strugar, Jugoslawischer Volksbefreiungskrieg, S. 20; Fricke, Kroatien 1941–1944, S. 49; Sundhaussen, Geschichte Jugoslawiens, S. 118; United States Int. Claims Commission, Socony Vacuum Oil Company Claim, ILR 21 (1954), S. 58 f.
89 Lauterpacht, ILR 21 (1954), S. 57.
90 Lauterpacht, ILR 21 (1954), S. 60.

„Drei-Elementen-Lehre"[91], nach der für die Existenz eines Staates ein Staatsvolk, ein Staatsgebiet und eine Staatsgewalt vorhanden sein müssen[92].

(a) Staatsvolk und Staatsgebiet
Kroatien verfügte unzweifelhaft über ein Staatsvolk und ein Staatsgebiet. Der Begriff des Staatsvolkes meint eine Gesamtheit von Staatsbürgern, die unbeschränkt unter der Gewalt eines Staates stehen[93]. Unerheblich ist, ob diese Menschen die gleiche Rasse, Kultur, Sprache, Geschichte oder Religion haben[94], so daß der „Nationalstaat", der einen ethnographisch geschlossenen Kern von Menschen voraussetzt, nicht dem völkerrechtlichen Staatsbegriff entspricht[95]. Der Staat wird also nicht nur durch die Menschen, sondern das Staatsvolk auch durch den Staat konstituiert[96].

Das Staatsgebiet ist der durch dreidimensionale Grenzen gegen die Gebiete anderer Staaten sowie gegen staatsfreie Gebiete abgegrenzte flächenhaft geordnete Raum der Erde, innerhalb dessen ein Staat die prinzipiell andere Staaten ausschließende Zuständigkeit zur Ausübung von Staatsgewalt besitzt[97]. Nicht vorausgesetzt wird eine bestimmte Größe des Staatsgebietes[98], so daß Staaten auch auf kleinstem Raum existieren können, wie der Vatikanstaat oder Liechtenstein zeigen[99].

---

91 Die Niederschlag in der sog. "Montevideo-Convention" vom 26. Dezember 1933 gefunden hat und in deren Art. 1 es heißt: "The State as a person should possess the following qualifications: a) a permanent population b) a defined territory c) government d) capacity to enter into relations with the other States" aus: International Legislation, Vol. VI, S. 620.
92 Obwohl weitgehend Einigkeit besteht, daß die „Drei-Elementen-Lehre" die Grundlage der Staatlichkeit bildet, wurde z.T. entweder der Staatsgewalt, dem Staatsvolk oder dem Staatsgebiet maßgebliche Bedeutung beigemessen. Dieser Ansatz vermag jedoch nicht zu überzeugen, da die einzelnen Staatsmerkmale in einer Wechselbeziehung stehen, die keinem der Staatsmerkmale Vorrang einräumt. Einer weiteren Erörterung bedarf dieser Ansatz daher nicht, vgl. von Waldkirch, Das Völkerrecht, S. 103; Kelsen, International Law, S. 258 f.; Dahm, Völkerrecht I, S. 76; Crawford, Creation of States in International Law, S. 42; Verdross, Völkerrecht, S. 192; Chen, Law of Recognition, S. 56.
93 Von Waldkirch, Das Völkerrecht, S. 111; Dahm, Völkerrecht I, S. 76; Epping, in: Ipsen, Völkerrecht, § 5, Rn. 5, S. 61.
94 Oppenheim/Lauterpacht, International Law, Vol. I, S. 121; Dahm, Völkerrecht I, S. 76; Epping, in: Ipsen, Völkerrecht, § 5, Rn. 5, S. 61.
95 Anzilotti, Völkerrecht I, S. 93; von Waldkirch, Das Völkerrecht, S. 112; Dahm, Völkerrecht I, S. 76; Berber, Völkerrecht I, S. 117.
96 Berber, Völkerrecht I, S. 116; Dahm, Völkerrecht I, S. 76.
97 Kelsen, International Law, S. 213; Berber, Völkerrecht I, S. 306; von Waldkirch, Das Völkerrecht, S. 105.
98 Verdross, Völkerrecht, S. 194.
99 Von Waldkirch, Das Völkerrecht, S. 106; Oppenheim/Lauterpacht, International Law, Vol. I, S. 121.

Ebenfalls nicht notwendig ist, daß die Grenzen des Gebietes endgültig festgelegt sind[100]; lediglich ein bestimmtes Kerngebiet muß vorhanden sein[101], so daß der Widerstand Italiens hinsichtlich der endgültigen Grenzen in Kroatien nicht von Bedeutung ist.

(b) Unabhängige Staatsgewalt
In Kroatien fehlte es jedoch an einer effektiven und souveränen Staatsgewalt. Diese muß sich auf das Staatsgebiet und das Staatsvolk erstrecken und setzt eine selbständige Organisation voraus, die über ein gewisses Maß an Organisationsstrukturen verfügt. Gefordert werden in diesem Zusammenhang im allgemeinen eine Regierung, Legislativorgane und eine Verwaltung, z.T. auch eine zumindest ungeschriebene Verfassung[102]. Nach dem Grundsatz von der Effektivität muß sich die Staatsgewalt tatsächlich durchgesetzt haben, damit der Staat seiner Staatsordnung Gültigkeit verschaffen und das ihm zugeordnete Gebiet unter Ausschluß der anderen Herrschaftsträger tatsächlich beherrschen kann[103].

Kroatien war auch kein unabhängiger Staat i.S.d. Völkerrechts[104], da es an einer effektiven und souveränen Staatsgewalt fehlte, der „Staat" vielmehr innen- und außenpolitisch handlungsunfähig war. Wie bereits dargelegt, gelang es der Regierung unter Pavelić weder eine geordnete Verwaltung aufzubauen, noch das Staatsgebiet unter Ausschluß Deutschlands und Italiens zu beherrschen und die Gebietsgewinne der Partisanen abzuwehren.

Um als Völkerrechtssubjekt existieren zu können, bedarf ein Staat der Unabhängigkeit bzw. Souveränität. Als innere Souveränität bedeutet dies die Fähigkeit umfassender Gesetzeskompetenz und Verfassungsgebung[105], als äußere Souveränität die Unabhängigkeit eines Staates, frei von der Kontrolle eines anderen Staates zu handeln[106]. Auch wenn der Souveränität die Übernahme von Verpflichtungen aus völkerrechtli-

---

100 Oppenheim/Lauterpacht, International Law, Vol. I, S. 121; Dahm, Völkerrecht I, S. 76; Chen, Law of Recognition, S. 56.
101 Von Waldkirch, Das Völkerrecht, S. 106.
102 Dahm, Völkerrecht I, S. 77; Berber, Völkerrecht I, S. 119; Brownlie, Principles of Public International Law, S. 73; Crawford, Creation of States, S. 45; Lauterpacht, Recognition, S. 35.
103 Krüger, Effektivität, S. 265 ff.; Doehring, Effectiveness, in: Bernhardt, EPIL II, S. 43 ff.; Verdross, Völkerrecht, S. 132.
104 Uhler, Schutz der Bevölkerung, S. 199/200; Crawford, BYIL 48 (1976/77), S. 131; Guggenheim, Völkerrecht I, S. 170, Fn. 24; Lauterpacht, Recognition, S. 28.
105 Hatschek, Völkerrecht, S. 69; Epping, in: Ipsen, Völkerrecht, § 5, Rn. 8, S. 61.
106 Oppenheim/Lauterpacht, International Law, Vol. I, S. 122, der Souveränität als 4. Element zur Bejahung der Staatlichkeit fordert; Verdross, Völkerrecht, S. 192; Berber, Völkerrecht I, S. 127; Epping, in: Ipsen, Völkerrecht, § 5, Rn. 5, S. 61.

chen Verträgen nicht entgegensteht, dürfen diese Verpflichtungen nicht zu einer völligen Aufgabe der staatlichen Unabhängigkeit und/oder der Unterordnung unter den Willen eines anderen Staates führen und muß dem vertragsschließenden Staat die Möglichkeit verbleiben, sich durch einseitige Willenserklärung von dem Vertrag zu lösen[107].

Gegen die Unabhängigkeit der kroatischen Staatsgewalt spricht schließlich auch die Gründung durch die Besatzungsmächte. Zwar sind die Legalität der Staatsgewalt im Inneren, d.h. deren Übereinstimmung mit dem Volkswillen, und deren völkerrechtliche Legitimität, d.h. ihre Ausrichtung an außerrechtlichen Grundwerten, unabhängig von der völkerrechtlichen Existenz eines Staates, so daß auch ein Staat, der sich unter Verletzung des Völkerrechts durchgesetzt hat, als Staat anerkannt werden kann[108]. Aus Art. 10 der Völkerbundsatzung, der eine Garantie gegen gewaltsame Besitzänderungen, das "steal by force", enthält[109] sowie dem Briand-Kellogg-Pakt und der Stimson-Doktrin[110] ergibt sich jedoch, daß dies nicht für Staaten gilt, die von einer Besatzungsmacht gegründet werden. Der Grundsatz, daß Gewaltanwendung ein fremdes Recht nicht zerstören kann[111], war auch in weiteren völkerrechtlichen Abkommen enthalten und stellt einen Grundsatz des allgemeinen Völkerrechts dar. Eine gewaltsame Annexion ist folglich immer nichtig und kann auch durch die Anerkennung anderer Staaten nicht geheilt werden[112].

Bereits vor 1939 war es anerkannt, daß die kriegerische Besetzung nicht zum Untergang des besetzten Staates führt[113] und daß ein „neuer Staat", der während der

---

107 Epping, in: Ipsen, Völkerrecht, § 5, Rn. 8, S. 62; Palmas-Fall, Reports of International Arbitral Awards II, 838; Oppenheim/Lauterpacht, International Law, Vol. I, S. 122, Fn. 9; Berber, Völkerrecht I, S. 126.
108 Dahm, Völkerrecht I, S. 81; Kelsen, International Law, S. 216; a.A. Brownlie, Principles of Public International Law, S. 73, der die Staatsgewalt unabhängig von deren Effektivität erst anerkennt, wenn sie die Unterstützung der Bevölkerung genießt.
109 Dieses "steal by force" galt nach den Erfahrungen des Ersten Weltkriegs als „deutsche" oder „preußische Methode", Gebietsänderungen mit Waffengewalt und militärischem Zwang herbeizuführen, und sollte künftig verhindert werden, vgl. Strupp, Völkerrecht, S. 121; Schmitt, Die Kernfrage des Völkerbundes, S. 35; Schücking/Wehberg, Die Satzung des Völkerbundes, S. 458.
110 Benannt nach einer vom amerikanischen Staatssekretär Stimson im Mandschurei-Konflikt des Jahres 1931 verfaßten Note an China und Japan, in der die Vereinigten Staaten erklärten, sie würden keine Situation, keinen Vertrag und kein Übereinkommen anerkennen, die durch Mittel zustandegekommen seien, die den Bestimmungen und Verpflichtungen des Kellogg-Paktes widersprächen (Wehberg, Die Stimson-Doktrin, S. 433).
111 Wehberg, Krieg und Eroberung, S. 103; ders., Die Stimson-Doktrin, S. 435; Lauterpacht, Recognition, S. 421; Chen, The international law of recognition, S. 426.
112 Verdross, Völkerrecht, S. 288; von der Heydte, Völkerrecht II, S. 144; Wehberg, Krieg und Eroberung, S. 100; ders., die Stimson-Doktrin, S. 440.
113 Marek, Identity and continuity of states, S. 73–216.

kriegerischen Besetzung geschaffen wird, nicht unabhängig ist[114]. Bei solchen völlig neuen, vom Okkupanten gebildeten staatsförmigen Gemeinwesen handelt es sich vielmehr um sog. Marionetten-Staaten (Puppet-States)[115], die sich zur Okkupationsmacht in einem maximalen Abhängigkeitsverhältnis befinden, das Raum zur autonomen Willensbildung und -betätigung nicht läßt[116]. Sie sind also die Schöpfung der Okkupationsmacht und ihr Instrument[117].

An diesem Ergebnis ändert auch die völkerrechtliche Anerkennung Kroatiens durch die Achsenmächte nichts. Bei der Anerkennung handelt es sich um eine völkerrechtliche Willenserklärung. Sie ist ein einseitiges Rechtsgeschäft, das empfangs-, aber nicht annahmebedürftig ist[118]. Insbesondere die rechtliche Beurteilung der Anerkennung ist umstritten. Eine ausführliche Darstellung dieser Problematik kann an dieser Stelle jedoch unterbleiben, da sowohl nach der konstitutiven wie auch nach der deklaratorischen Theorie das Vorliegen der Staatlichkeitsmerkmale Grundlage für eine Anerkennung ist[119]. Da vorliegend die tatsächliche Machtausübung im Rahmen einer gefestigten und dauerhaften Durchsetzung durch die Regierung Pavelić nicht gegeben war, sich die völlige Abhängigkeit Kroatiens von den Achsenmächten vielmehr darin zeigt, daß es mit Kriegsende ohne weiteres aufhörte zu existieren, konnte eine wirksame Anerkennung durch die Achsenmächte nicht erfolgen, war diese also völkerrechtlich unwirksam[120].

(2) Kein Untergang Jugoslawiens als Staat
Da nach der „Drei-Elementen-Lehre" ein Staat nur untergeht, wenn er eines der Staatlichkeitsmerkmale endgültig, d.h. auf Dauer und ohne die Möglichkeit, es zurückzuerhalten, verliert[121], ist Jugoslawien, entgegen der Auffassung der Achsenmächte, durch die Schaffung des kroatischen „Staats" und weiterer Schritte zu seiner Zerschlagung nicht als Staat untergegangen. Das Königreich überdauerte mit all seinen Integrationsproblemen den Krieg als Subjekt des Völkerrechts.

---

114 Crawford, BYIL 48 (1976/77), S. 128.
115 Marek, Identity and continuity of states, S. 113; Lemkin, Axis rule, S. 22 ff.
116 Uhler, Schutz der Bevölkerung, S. 199 f.
117 Marek, Identity and continuity of states, S. 113; Crawford, BYIL 48 (1976/77), S. 132.
118 Berber, Völkerrecht I, S. 235; Epping/Gloria, in: Ipsen, Völkerrecht, § 22, Rn. 2, S. 258; a.A. Anzilotti, Völkerrecht I, S. 119, demzufolge die Anerkennung ein gegenseitiger Akt in Form eines völkerrechtlichen Vertrages ist.
119 Lauterpacht, Recognition, S. 26; Berber, Völkerrecht I, S. 234; Chen, The international law of recognition, S. 54.
120 Dahm, Völkerrecht I, S. 200; von der Heydte, Anerkennung im Völkerrecht, S. 134.
121 Dahm, Völkerrecht I, S. 90; Verdross, Völkerrecht, S. 251; Berber, Völkerrecht I, S. 250.

(a) Wegfall des Staatsvolkes

Ein Untergang Jugoslawiens als Staat kann schon deshalb ausgeschlossen werden, weil der völlige Wegfall des Staatsvolkes nur selten vorkommt. Allein zahlenmäßige Veränderungen der Bevölkerung gefährden den Fortbestand eines Staates nicht[122], und ein vollständiger physischer Untergang des Volkes ist nur in besonders gelagerten Fällen vorstellbar[123].

(b) Wegfall des Staatsgebietes

Der Verlust des Staatsgebietes ist hingegen in mehrfacher Hinsicht möglich. Dabei ist zumindest im Grundsatz anerkannt, daß auch größere territoriale Veränderungen die Identität und Kontinuität eines Staates nicht beeinträchtigen[124]. Wegen des herrschenden Kriegs kommen im Fall Jugoslawiens nur gewaltsame Gebietsveränderungen, insbesondere eine Annexion[125], d.h. ein gewaltsamer Gebietserwerb durch einen Staat zuungunsten eines anderen Staates, in Betracht, da die Besatzungsmächte einen Großteil des Staatsgebietes ihren eigenen Staaten einverleibt hatten. Eine Auseinandersetzung mit den Voraussetzungen einer wirksamen Annexion kann an dieser Stelle jedoch unterbleiben, da es – wie bereits dargelegt – ein anerkannter Grundsatz des Völkerrechts ist, daß eine durch völkerrechtliche Gewaltakte erreichte Annexion völkerrechtlich unwirksam ist und nicht zu einem Staatsuntergang führt. Selbst wenn also Jugoslawien von den Achsenmächten zeitweise annektiert wurde, führte dies nicht zu seinem Untergang als Staat[126].

Auch eine Dismembration, d.h. der Untergang Jugoslawiens durch die Bildung von zwei oder mehreren Staaten auf seinem Territorium[127], kann ausgeschlossen werden, da Kroatien keine Staatsqualität erlangte und andere Neustaaten nicht gegründet wurden. Gleiches gilt für eine Sezession, die zudem keinen Staatsuntergang bewirkt, sondern bei der die Abtrennung eines oder mehrerer Teilgebiete erfolgt, die, unter Fortbestand des gebietsmäßig verkleinerten Altstaates, Neustaaten auf den von ihnen beanspruchten Territorien bilden[128].

---

122 Kunz, AJIL 49 (1955), S. 71; Marek, Identity and continuity of states, S. 127.
123 Berber, Völkerrecht I, S. 250, führt Naturkatastrophen und den Einsatz nuklearer Waffen an.
124 Marek, Identity and continuity of states, S. 15 ff.; Oppenheim/Lauterpacht, International Law, Vol. I, S. 153.
125 Wobei zwischen Vollannexion (Unterwerfung) und Teilannexion unterschieden wird, vgl. Dahm, Völkerrecht I, S. 91; Berber, Völkerrecht I, S. 250.
126 So auch Hondius, Yugoslav Community, S. 131; Beckmann-Petey, Der jugoslawische Föderalismus, S. 39 ff m.w.N.; Jellinek, Staatsangehörigkeit, S. 191 ff.
127 Dahm, Völkerrecht I, S. 96; Verdross, Völkerrecht, S. 251; Blumenwitz, Überwindung der deutschen Teilung, S. 127.
128 Heintze, in: Ipsen, Völkerrecht, § 29, Rn. 8, S. 421.

I. Relevante völkerrechtliche Fragen

c) Wegfall der Staatsgewalt

Den Besatzungsmächten ist es auch nicht gelungen, das bestehende Verwaltungs- und Regierungssystem Jugoslawiens völlig auszuschalten und durch ein neues zu ersetzen, so daß auch die Staatsgewalt Jugoslawiens fortbestand. Ein – für die Existenz eines Staates relevanter – Verlust der Staatsgewalt liegt nur vor, wenn diese endgültig und bis in die unterste Ebene in all ihren Funktionen erloschen ist[129]. Vorübergehende Beschränkungen der Ausübung, so durch kriegerische Besetzung, sind hingegen nicht relevant[130]. Dies ergibt sich aus der HLKO[131], nach der der Besatzungsmacht lediglich das Recht zusteht, die Handlungsfähigkeit des besetzten Staates einzuschränken. Etwas anderes gilt nur dann, wenn an die Stelle der alten Staatsgewalt in ihren Funktionsbereichen der Rechtsetzung, des Vollzugs und der Rechtskontrolle eine andere Staatsgewalt getreten ist[132].

3. Folgen der illegalen Kriegseröffnung der Achsenmächte im April 1941

a) Haftung im Rahmen der Kriegskoalition

Art. 3 der IV. Haager Konvention von 1907, auf die im Rahmen dieser Arbeit noch näher eingegangen werden wird, lautet: „Die Kriegspartei, welche die Bestimmungen der bezeichneten Ordnung verletzen sollte, ist gegebenenfalls zum Schadensersatz verpflichtet." Daraus ergibt sich, daß in einem Krieg, der auf einer oder auf beiden Seiten von einer Koalition mehrerer Staaten geführt wird, die darin begangenen Verletzungen des Kriegsrechts, beginnend mit der Kriegseröffnung, für jeden der Koalierten selbständig rechtlich bewertet werden müssen[133].

b) Krieg und Kriegsverbot

Da unbestritten ist, daß zwischen den Achsenmächten und Jugoslawien Krieg i.S.d. Völkerrechts herrschte, können rechtstheoretische Erörterungen zum Kriegsbegriff

---

129 Dahm, Völkerrecht I, S. 143.
130 Epping, in: Ipsen, Völkerrecht, § 5, Rn. 13, S. 68.
131 Siehe unten, Teil A Kap. II 2. b).
132 Kunz, AJIL 49 (1955), S. 72 ff; Kelsen, International Law, S. 73 f.; Fiedler, Staatskontinuität, S. 49; Epping, in: Ipsen, Völkerrecht, § 5, Rn. 15, S. 69.
133 Berber, Völkerrecht II, S. 8.

und eine Auseinandersetzung mit dessen völkerrechtlicher Bedeutung im Rahmen dieser Arbeit unterbleiben. Es sei lediglich erwähnt, daß eine allgemein verbindliche Definition des Kriegsbegriffes bislang weder in der Völkerrechtslehre noch in den nach dem Ersten Weltkrieg geschlossenen multilateralen Verträgen, insbesondere weder in der Völkerbundsatzung noch dem Briand-Kellogg-Pakt, gelungen ist[134].

Unstreitig ist auch, daß der deutsche Einmarsch in Jugoslawien gegen das auch von Deutschland als eine allgemeine Regel des Völkerrechts anerkannte Kriegsverbot des Briand-Kellogg-Paktes verstieß und ein völkerrechtliches Delikt darstellte[135].

Dieses Kriegsverbot war Folge einer langen Entwicklung, die mit der vom hl. Augustinus begründeten und von Thomas von Aquin weiter entwickelten Lehre vom gerechten Krieg begonnen hatte[136]. Nach dem Wandel von der mittelalterlichen *res publica christiana* zu einem System nebeneinander existierender selbständiger Staaten, die von einem gesteigerten Nationalismus getragen wurden, galt bis in das 20. Jahrhundert hinein, daß es das Vorrecht eines jeden Souveräns sei, Krieg zu führen[137]. Zwar wurden auch vor dem Ersten Weltkrieg Abkommen, hier vor allem das Drago-Porter-Abkommen der II. Haager Friedenskonferenz von 1907[138], geschlossen, doch erst nach dem Krieg erfuhr die Kriegsächtung entscheidende Fortschritte.

Neben der Völkerbundsatzung, deren Bedeutung wegen ihrer fehlenden Universalität stark eingeschränkt war[139] und die noch kein generelles Kriegsverbot enthielt[140], haben auf regionaler Ebene der am 16. Oktober 1925 zwischen Deutschland, Frankreich, Großbritannien und Italien geschlossene Locarno-Pakt[141] sowie international der Briand-Kellogg-Pakt vom 27. August 1928 Geltung erlangt.

---

134 Borchard, AJIL 27 (1933), S. 116; Green, AVR 6 (1956), S. 410.
135 Keydel, Das Recht zum Krieg im Völkerrecht, S. 75.
136 Vgl. dazu Wehberg, Krieg und Eroberung, S. 11; Kelsen, International Law, S. 35; Kunz, AJIL 45 (1951), S. 530; von Elbe, AJIL 33 (1939), S. 668.
137 Stone, International conflicts, S. 297; Wehberg, Krieg und Eroberung, S. 29; Schwarzenberger, AJIL 37 (1943), S. 470.
138 RGBl. 1910, 59.
139 Weder die USA noch die Sowjetunion gehörten dem Völkerbund an, Deutschland, Italien, Spanien und Japan waren nur begrenzte Zeit Mitglieder.
140 Blum, Verbotene und erlaubte Kriege, S. 18; Wehberg, Krieg und Eroberung, S. 32; von der Heydte, Völkerrecht II, S. 140.
141 Text abgedruckt bei Berber, Dokumentensammlung, S. 1936.

I. Relevante völkerrechtliche Fragen 37

Vor allem der Briand-Kellogg-Pakt stellt trotz seiner Mängel die unumstritten wichtigste Fortentwicklung des Kriegsverbotes dar[142]. Bis Ende 1938 hatten ihn mit Ausnahme einiger südamerikanischer Staaten die meisten Staaten der Welt, darunter alle Großmächte und Deutschland, ratifiziert und er damit universale Geltung erlangt[143]. Obwohl sein Rechtscharakter teilweise bezweifelt und er mehr als eine feierliche Kundgebung denn als bindendes Völkerrecht betrachtet wurde[144], war anerkannt, daß er verbindliche Rechtsregeln enthält, aufgrund derer die Staaten auf ihr Recht verzichteten, Krieg als Mittel nationaler Politik, d.h. zur Rechtsdurchsetzung, Rechtsänderung und Machterweiterung[145], einzusetzen[146]. Trotz dieses vordergründig umfassenden Kriegsverbotes war aber auch nach dem Briand-Kellogg-Pakt Krieg nicht völlig verboten, sondern in den Fällen erlaubt, in denen ein Krieg unter der Ägide des Völkerbundes geführt wurde oder er ein Verteidigungskrieg war[147], wobei das Ausmaß dieses Selbstverteidigungsrechts von den beteiligten Staaten unterschiedlich beurteilt wurde[148].

Auch der Briand-Kellogg-Pakt litt an nicht unwesentlichen Schwächen, die bereits kurz nach seinem Inkrafttreten deutlich wurden. Da nur die Kriegseröffnung, nicht aber die Ausübung militärischer Gewalt schlechthin verboten war, gingen die Staaten dazu über, keine formelle Kriegserklärung mehr abzugeben, um so die Zwänge des Paktes zu umgehen[149].

Deutschland begann den Krieg gegen Jugoslawien ohne Kriegserklärung und verstieß damit zugleich gegen die auch von ihm ratifizierte III. Haager Konvention von 1907, in der die Vertragsparteien zur Abgabe einer ausdrücklichen Kriegserklärung,

---

142 Von der Heydte, Völkerrecht II, S. 143; Berber, Völkerrecht II, S. 35; Oppenheim/Lauterpacht, International Law, Vol. II, S. 181.
143 Wehberg, FW 30 (1930), S. 129.
144 Cohn, Zeitschrift für Völkerrecht 15 (1930), S. 169; Keydel, Das Recht zum Krieg im Völkerrecht, S. 69.
145 Oppenheim/Lauterpacht, International Law, Vol. II, S. 182.
146 Cohn, Zeitschrift für Völkerrecht 15 (1930), S. 170, 181; Berber, Völkerrecht II, S. 130; Guggenheim, Völkerrecht II, S. 774; Wehberg, Krieg und Eroberung, S. 44.
147 Blum, Verbotene und erlaubte Kriege, S. 34; von der Heydte, Völkerrecht II, S. 143; Cohn, Zeitschrift für Völkerrecht 15 (1930), S. 178.
148 Frankreich verstand darunter auch die Nothilfe, während Großbritannien „gewisse Gebiete auf der Welt" gegen Kriege schützen wollte und dies als Selbstverteidigung ansah, Blum, Verbotene und erlaubte Kriege, S. 34; von der Heydte, Völkerrecht II, S. 144; die rechtliche Wirksamkeit dieser Erklärungen anzweifelnd Oppenheim/Lauterpacht, International Law, Vol. II, S. 187; Verdross, FW 30 (1930), S. 66; Wehberg, Krieg und Eroberung, S. 46.
149 Brown, AJIL 33 (1939), S. 540; Wehberg, Krieg und Eroberung, S. 49; Stone, International conflicts, S. 300; Oppenheim/Lauterpacht, International Law, Vol. II, S. 185.

zumindest aber zur Stellung eines Ultimatums[150] verpflichtet wurden[151]. Unabhängig davon, inwieweit dieser Verstoß gegen das Völkerrecht eine individuelle Verantwortung der handelnden Staatsorgane unter dem Völkerrecht begründete, stellt sich die Frage nach den Folgen dieses Verstoßes für die Geltung des *ius in bello*.

c) Uneingeschränkte Geltung des ius in bello, insbesondere des humanitären Kriegsvölkerrechts

Auch der verbotene Krieg ist ein Krieg i.S.d. Völkerrechts und das Kriegsrecht ohne Rücksicht auf die Legalität des Kriegs anwendbar[152]. Dieser Grundsatz ist in Staatenpraxis und völkerrechtlicher Literatur allgemein anerkannt, und auch die nach dem Ersten Weltkrieg eingeführte Unterscheidung zwischen legalem und illegalem Krieg hat nicht zu einer Änderung des *ius in bello* geführt, mit der Folge, daß auch derjenige, der einen illegalen Krieg führt, Anspruch auf Einhaltung des Kriegsrechts durch die Gegenseite hat. Erst nach Beendigung der Feindseligkeiten gewinnt die Unterscheidung zwischen legalem und illegalem Krieg an Bedeutung, da der angreifende Staat aus seinem illegalen Akt keine Rechte geltend machen kann, er nach dem Grundsatz über die Folgen völkerrechtlichen Unrechts haftet und dem Opfer Wiedergutmachung aller verursachten Schäden schuldet[153]. Der zwischen Deutschland und Jugoslawien[154] geführte Krieg unterlag somit den Regeln des zum damaligen Zeitpunkt geltenden Kriegsrechts.

---

150 Vgl. Art. 1 der III. Haager Konvention.
151 Da die Konvention nach allgemeiner Auffassung keine Kodifizierung geltenden Völkergewohnheitsrechts war, begingen nur die Staaten ein völkerrechtliches Delikt, die sie – wie Deutschland – ratifiziert und verletzt hatten, vgl. Kunz, Kriegsrecht, S. 39 f.; Berber, Völkerrecht II, S. 89 Hall, International Law, S. 451; Castrén, Law of War and Neutrality, S. 97.
152 Oppenheim/Lauterpacht, International Law, Vol. II, S. 218; Guggenheim, Völkerrecht II, S. 304; von der Heydte, Völkerrecht II, S. 152; Kunz, Kriegsrecht, S. 17; Verdross, Völkerrecht, S. 442.
153 Von der Heydte, Völkerrecht II, S. 152–153; Kunz, AJIL 45 (1951), S. 37; Oppenheim/Lauterpacht, International Law, Vol. II, S. 219; Berber, Völkerrecht II, S. 58.
154 Im folgenden wird nicht mehr vom Königreich der Serben, Kroaten und Slowenen gesprochen, sondern der eigentlich erst später gebräuchliche Name „Jugoslawien" verwendet.

II. Das Kriegsrecht in bezug auf Jugoslawien (1941–1945)

Der Beginn des Kriegs zwischen den Achsenmächten und Jugoslawien hatte umfangreiche Auswirkungen auf das Verhältnis der beiden Staaten zueinander und ihr Verhältnis zu dritten Staaten. Unmittelbare Folge des Kriegsausbruchs war, daß das Friedensrecht außer und das Kriegsrecht in Kraft trat.

1. Rechtliche Grundlagen

Das Kriegsrecht beinhaltet diejenigen rechtlichen Beschränkungen, die das Völkerrecht den Kriegführenden hinsichtlich der Mittel, die zur Überwindung des Gegners dienen, auferlegt und für deren Geltung der Beginn des Kriegs conditio sine qua non ist[155]. Die Entwicklung des Kriegsrechts, das zu den ältesten Bereichen des Völkerrechts zählt und als erstes kodifiziert war[156], begann im Mittelalter und erfolgte verstärkt nach dem Ende des 30-jährigen Kriegs unter dem Eindruck der in dieser Zeit erfolgten Kriegsgreuel[157]. In den Jahren zwischen 1815 und 1914 wurde das Kriegsrecht durch die Staatenpraxis, die Veröffentlichungen Völkerrechtsgelehrter und schließlich die Kodifikationen neuer Regeln bzw. geltenden Gewohnheitsrechts fortentwickelt[158].

a) Die im Zweiten Weltkrieg maßgeblichen Konventionen

Aufgeführt werden müssen in diesem Zusammenhang vor allem folgende Konventionen[159], auf die im Laufe dieser Arbeit zurückgegriffen wird:

---

155 Kotzsch, Concept of War, S. 84; Berber, Völkerrecht II, S. 61; von der Heydte, Völkerrecht II, S. 197.
156 Kunz, Kriegsrecht, S. 12; Kotzsch, Concept of War, S. 86.
157 Kunz, Kriegsrecht im allgemeinen, in: Strupp/Schlochauer, WV II, S. 354; Castrén, Law of War and Neutrality, S. 15.
158 Castrén, Law of War and Neutrality, S. 59; Kunz, Kriegsrecht im allgemeinen, in: Strupp/Schlochauer, WV II, S. 354.
159 Die von innerstaatlichen Kriegsreglements ohne völkerrechtliche Geltung, z.B. dem deutschen „Kriegsgebrauch im Landkrieg" aus dem Jahre 1902, ergänzt wurden.

- Haager Abkommen über die Gesetze und Gebräuche des Landkriegs vom 29. Juli 1899[160]
- Haager Abkommen über die Gesetze und Gebräuche des Landkriegs vom 18. Oktober 1907[161]
- Genfer Abkommen vom 27. Juli 1929 über die Behandlungen der Kriegsgefangenen[162]

Nach dem Ersten Weltkrieg kam die Weiterentwicklung des Kriegsrechts zum Stillstand. Begründet wurde dies zum einen damit, daß es keines Kriegsrechts mehr bedürfe, weil der Krieg durch die Völkerbundsatzung und die Bestimmungen des Briand-Kellogg-Paktes abgeschafft sei. Eine andere Ansicht berief sich darauf, insbesondere die gravierenden Verletzungen des Kriegsrechts während des vorangegangenen Kriegs hätten gezeigt, daß Krieg keiner Reglementierung zugänglich sei und es sich aus diesem Grunde auch nicht um Recht im eigentlichen Sinne handle[163]. Beide Argumente gingen jedoch an der Wirklichkeit vorbei, da weder – wie die Staatenpraxis zeigte – der Krieg tatsächlich abgeschafft noch das Kriegsrecht wirkungslos war. Ungeachtet der von den Staaten verübten Verletzungen des Kriegsrechts während des Ersten Weltkriegs war dessen Geltung nie in Frage gestellt worden, sondern hatten die Staaten Wert auf dessen Beachtung gelegt. Zudem wurde verkannt, daß die Möglichkeit der Verletzung einem jeden Recht inhärent ist, es aber deshalb nicht aufhört, Recht zu sein[164].

b) Einschränkungen in der Anwendung der Kodifikationen

Die Geltung des Kriegsrechtes, insbesondere der Haager Konventionen, war in nicht unerheblichem Umfang durch Vorbehalte der Vertragsparteien, die *clausula si omnes*, den Grundsatz der militärischen Notwendigkeit und die fehlende Anpassung an sich weiterentwickelnde Methoden und Waffen der Kriegführung eingeschränkt[165].

---

160 RGBl. 1901, S. 423.
161 RGBl. 1910, S. 5.
162 RGBl. 1934 II, S. 227.
163 Zu diesen Argumenten Kunz, AJIL 45 (1951), S. 44 ff.; siehe auch Kunz, Kriegsrecht im allgemeinen, in: Strupp/Schlochauer, WV II, S. 356; Castrén, Law of War and Neutrality, S. 22.
164 Berber, Völkerrecht II, S. 72; Kunz, AJIL 45 (1951), S. 45; Castrén, Law of War and Neutrality, S. 23.
165 Kunz, Kriegsrecht im allgemeinen, in: Strupp/Schlochauer, WV II, S. 356; ders., Kriegsrecht, S. 20; Berber, Völkerrecht II, S. 78; Castrén, Law of War and Neutrality, S. 21.

II. Das Kriegsrecht in bezug auf Jugoslawien (1941–1945)

Auch Deutschland berief sich im Zweiten Weltkrieg darauf, daß es keinen das Kriegsrecht betreffenden völkerrechtlichen Vertrag gebe, der für alle Staaten Geltung habe, und führte zur Begründung seiner Behauptung insbes. die Allbeteiligungsklausel an[166].

(1) Allbeteiligungsklausel
Die Allbeteiligungsklausel findet sich in sämtlichen sich auf die Kriegführung beziehenden Vereinbarungen der beiden Haager Friedenstagungen von 1899 und 1907. Sie reduziert den Anwendungsbereich der Verträge auf die Vertragschließenden sowie darauf, daß die Kriegführenden sämtlich Vertragsparteien sein müssen[167]. Da eine kriegführende Macht die genannten Abkommen durch absichtliche Einbeziehung eines Nichtvertragsstaates in einen Krieg faktisch außer Kraft setzen und sich so den ihr auferlegten vertraglichen Beschränkungen entziehen konnte[168], ging die Staatengemeinschaft daran, die Bedeutung der Klausel zu reduzieren. Zu diesem Zweck berief man sich darauf, daß die Haager Abkommen lediglich Gewohnheitsrecht enthielten[169] und die universale Geltung der Abkommen anerkannt sei[170].

(2) Militärische Notwendigkeit
Nach dem Zweiten Weltkrieg rechtfertigte Deutschland u.a. die Behandlung von Kriegsgefangenen und "unarmed enemy persons", die Deportation von Zivilisten und die Verwüstung (devastation) von feindlichem Eigentum in besetzten Gebieten unter Berufung auf den Grundsatz der militärischen Notwendigkeit. Auf die einzelnen Sachverhalte und deren völkerrechtliche Wertung wird an anderer Stelle eingegangen werden, Inhalt und Anwendungsbereich des Grundsatzes sollen jedoch bereits an dieser Stelle erläutert werden.

Militärische Notwendigkeit bedeutet das Vorliegen von "urgent needs, admitting of no delay, for the taking by a commander of measures, which are indispensable for forcing as quickly as possible the complete surrender of the enemy by means of regulated violence and which are not forbidden by the laws and customs of war"[171]. Bereits nach dem Ersten Weltkrieg beriefen sich Militärs zur Rechtfertigung ihrer Handlungen immer wieder auf diesen Grundsatz, der in Deutschland durch den Satz

---
166 Giese/Mentzel, Deutsches Kriegsführungsrecht, S. 6.
167 Vgl. z.B. Art. 2 der HLKO 1907.
168 Zitelmann (AöR 1916, S. 5) zu der Problematik im Ersten Weltkrieg; Nöldeke, Deutsche Juristenzeitung 1916, S. 264.
169 Zitelmann, AöR 1916, S. 25.
170 Nöldeke, Deutsche Juristenzeitung 1916, S. 267 f.; Zitelmann, AöR 1916, S. 24 f.
171 Downey, AJIL 47 (1953), S. 254; so auch Kunz, Kriegsrecht, S. 27.

von Clausewitz „Die Kriegsräson bestimmt die Kriegsmanier" geprägt wurde. Dieser Ausspruch führte, zumal es sich auch nicht um Recht im eigentlichen Sinne handelt, immer wieder zu Unklarheiten und Fehlinterpretationen, da er die Ziele der Kriegführenden über das geltende Kriegsrecht, d.h. die Kriegsnormen und die sog. Gebräuche des Kriegs, zu stellen bzw. diese außer Kraft zu setzen schien[172]. Gegen diese Interpretation wurde aber immer wieder eingewandt, daß der Ausspruch aus einer Zeit stamme, in der es nur Kriegsgebräuche und kein Kriegsrecht gegeben habe[173]. Auch der Begriff der Kriegsräson läßt Raum für weite Auslegungen, da er sowohl den Begriff der Notwendigkeit als auch der militärischen Zweckmäßigkeit zu umfassen scheint[174].

Das 1941 geltende Kriegsrecht stellte bereits einen Kompromiß zwischen militärischen Notwendigkeiten und humanitären Grundsätzen dar[175], so daß strenge Anforderungen an Maßnahmen gestellt werden müssen, hinsichtlich derer sich die Kriegführenden auf militärische Notwendigkeit berufen. Handlungen, die nur aus Zweckmäßigkeitserwägungen heraus vorgenommen werden, verstoßen grundsätzlich gegen Kriegsrecht[176]. Generell unzulässig ist die Berufung auf militärische Notwendigkeit, wenn Kriegsnormen absolute Ge- oder Verbote aufstellen[177].

c) Lückenfüllung durch die Martenssche Klausel

Während des Zweiten Weltkriegs wurde deutlich, daß die Haager Landkriegsordnung Mängel und Lücken aufwies, die aus der mangelnden Anpassung der Konvention an den Fortschritt bei der Entwicklung von Waffen und die Methoden der Kriegführung resultierten, welche bei Abschluß der Konvention nicht vorhersehbar waren. Diese Lücken wurden durch die Präambel der Konvention, die sog. Martenssche Klausel[178], geschlossen. Diese bestimmt, daß in solchen unvorhergesehe-

---

172 Oppenheim/Lauterpacht, International Law, Vol. II, S. 232.
173 Dunbar, BYIl 29 (1952), S. 445.
174 Hall, International Law, S. 471; Kunz, Kriegsrecht, S. 27; Downey, AJIL 47 (1953), S. 253.
175 Berber, Völkerrecht II, S. 63; Castrén, Law of War and Neutrality, S. 65; Kunz, Kriegsrecht, S. 27.
176 Kunz, Kriegsrecht, S. 27.
177 Downey, AJIL 47 (1953), S. 262; Guggenheim, Völkerrecht II, S. 832; Kunz, Kriegsrecht, S. 27; Berber, Völkerrecht II, S. 78.
178 Benannt nach dem russischen Völkerrechtler deutsch-baltischer Herkunft Friedrich von Martens (*Pernau, Livland, 27.8.1845, + Walk, Livland, 6.6.1909), seit 1873 Professor in St. Petersburg. Als erster Vize-Präsident des Institut de Droit International (seit 1894) war er maßgeblich an der Ausarbeitung der HLKO beteiligt.

II. Das Kriegsrecht in bezug auf Jugoslawien (1941–1945)

nen Fällen nicht die Entscheidung militärischer Befehlshaber maßgeblich sei, sondern allgemeine Prinzipien des Völkerrechts Anwendung finden sollten, die sich aus den in den Nationen herrschenden Gebräuchen der Menschlichkeit und den Forderungen des öffentlichen Gewissens ergäben[179]. Soweit Handlungen der Besatzungsmächte, aber auch der späteren jugoslawischen Bürgerkriegsparteien damit nicht direkt dem Anwendungsbereich der HLKO unterfallen, müssen diese über die Martenssche Klausel einer rechtlichen Prüfung unterzogen werden.

2. Das Recht der kriegerischen Besetzung

Wie bereits festgestellt, waren die Achsenmächte nach der nicht erklärten Eröffnung des Kriegs gegen Jugoslawien 1941 an das *ius in bello*, insbesondere an das humanitäre Kriegsvölkerrecht, gebunden. Wichtiger Bestandteil dieser Normen ist das völkergewohnheitsrechtlich und in der Haager Landkriegsordnung verankerte Recht der kriegerischen Besetzung (*occupatio bellica*), das 1941–1945 in Slowenien Anwendung fand. Wegen der schnellen Kapitulation der jugoslawischen Armee konzentriert sich die Arbeit im folgenden ausschließlich auf das Recht der kriegerischen Besetzung, bei der es sich um die schwierigste Materie des Landkriegsrechts handelt.

a) Begriff

Die *occupatio bellica* wird definiert als Ausübung der Staatsgewalt für den Souverän aufgrund der tatsächlichen Gewalt und nach Maßgabe des Kriegsrechts zur Wahrnehmung der Interessen der Kriegführenden und zum Schutz der Bevölkerung im besetzten Gebiet[180]. Während bis gegen Ende des 18. Jahrhunderts die Besetzung als

---

179 Vgl. Präambel zur IV. Haager Konvention; Castrén, Law of War and Neutrality, S. 59. Die maßgebliche Formulierung lautet: „Solange, bis ein vollständigeres Kriegsgesetzbuch festgestellt werden kann, halten es die hohen vertragsschließenden Teile für zweckmäßig, daß in den Fällen, die in den Bestimmungen der von ihnen angenommenen Ordnung nicht einbegriffen sind, die Bevölkerung und die Kriegführenden unter dem Schutze und der Herrschaft der Grundsätze des Völkerrechts bleiben, wie sie sich ergeben aus den unter gesitteten Völkern feststehenden Gebräuchen, aus den Gesetzen der Menschlichkeit und aus den Forderungen des öffentlichen Gewissens." Internationale Quelle: Martens, Nouveau Recueil Général de Traités, 3ème Série, p. 461.
180 Kunz, Kriegsrecht, S. 90; Brandweiner, ÖZöR 3 (1951), S. 504; Hatschek, Völkerrecht, S. 308.

Eroberung, d.h. als Erwerbung der Souveränität verstanden wurde[181], setzte sich in der Folgezeit das Institut der kriegerischen Besetzung durch, das auf der praktischen Erwägung beruhte, daß sich, solange Krieg und Widerstand andauern, auch das Kriegsglück und damit Besitzstände ändern können und folglich nur eine *debellatio* zum Untergang eines Staates und einer Übertragung der Souveränität führen kann[182]. Dieser Grundsatz wurde bereits in der Mitte des 19. Jahrhunderts ein Grundsatz des Völkerrechts und in den Haager Konventionen von 1899 und 1907 kodifiziert.

b) Voraussetzungen

Voraussetzung der kriegerischen Besetzung ist, daß sie effektiv ist, d.h., daß sich das Gebiet tatsächlich in der Gewalt des feindlichen Heeres befindet, dieses das Land wirksam kontrollieren kann[183]. Der Okkupant ist weder Rechtsnachfolger des vorübergehend verdrängten Gebietsherrn, noch überträgt er seine eigene Herrschaftsgewalt in das besetzte Gebiet; sein Recht beruht vielmehr auf Völkerrecht[184]. Da ein Gebiet im Zuge eines Kriegs mehrmals den Besitzer wechseln kann, ergibt sich bereits daraus, daß die kriegerische Besetzung nur provisorischer und befristeter Natur ist[185]. Sie endet daher entweder durch *debellatio* und Annexion oder die Befreiung des besetzten Gebietes[186]. Daran ändert auch eine einseitige Willenserklärung des Okkupanten nichts. Eine während des Kriegs von der Besatzungsmacht ausgesprochene Annexion ist – da sie dem Grundsatz der Effektivität widerspricht – wirkungslos[187] und stellt ein völkerrechtliches Delikt dar[188].

---

181 Marek, Identity and continuity of states, S. 75; Brandweiner, ÖZöR 3 (1951), S. 506; Kunz, Kriegsrecht, S. 88.
182 Marek, Identity and continuity of states, S. 76; Brandweiner, ÖZöR 3 (1951), S. 506.
183 Kunz, Kriegsrecht, S. 90; Marek, Identity and continuity of states, S. 81; Brandweiner, ÖZöR 3 (1951), S. 504.
184 Berber, Völkerrecht II, S. 129; Kunz, Kriegsrecht, S. 90.
185 Berber, Völkerrecht II, S. 125; Kunz, Kriegsrecht, S. 90; Marek, Identity and continuity of states, S. 80.
186 Kunz, Kriegsrecht, S. 90; Marek, Identity and continuity of states, S. 102.
187 Brandweiner, ÖZöR 3 (1951), S. 504; Marek, Identity and continuity of states, S. 104; Guggenheim, Völkerrecht II, S. 477; Castrén, Law of War and Neutrality, S. 216.
188 Berber, Völkerrecht II, S. 133.

c) Rechte und Pflichten des Okkupanten

Aus dem provisorischen Charakter der kriegerischen Besetzung und der Tatsache, daß der Okkupant nicht der Souverän des besetzten Gebietes ist, ergeben sich die in den Art. 43–56 HLKO festgelegten Rechte und Pflichten des Okkupanten und der Bevölkerung in dem besetzten Gebiet. Diese behält insbesondere ihre Staatsangehörigkeit und Treuepflicht gegenüber dem Souverän[189] und schuldet dem Okkupanten lediglich Gehorsam[190]. Die Besatzungsmacht darf das besetzte Gebiet als Basis für ihre weiteren militärischen Unternehmungen be- und ausnützen und mit allen kriegsrechtlichen Mitteln für die Durchsetzung ihrer militärischen Ziele sorgen[191]. Dazu kann sie im besetzten Gebiet die zugunsten des bisherigen Gebietsherrn bestehenden Abgaben, Zölle und Gebühren erheben und mit gewissen Einschränkungen Naturalleistungen von den Gemeinden oder Einwohnern fordern[192].

Gemäß Art. 43 HLKO hat die Besatzungsmacht alle von ihr abhängigen Vorkehrungen zu treffen, „um nach Möglichkeit die öffentliche Ordnung und das öffentliche Leben wieder herzustellen und aufrecht zu erhalten". Unter Beachtung der Landesgesetze kann sie zu diesem Zweck Rechtsnormen erlassen und zur Sanktionierung ihrer eigenen Rechtsnormen Militärgerichte mit Jurisdiktionsgewalt errichten.

Der Schutz der Zivilbevölkerung wurde in der HLKO in einer Reihe von Vorschriften festgelegt, auf die im Nachfolgenden näher eingegangen werden wird; u.a. ist danach verboten, die Bevölkerung eines besetzten Gebietes zu Informationen über das eigene Heer zu zwingen[193] sowie Ehre, Rechte, Leben und Privateigentum der Bürger zu verletzen[194].

3. Die Stellung der Exilregierung unter besonderer Berücksichtigung der jugoslawischen Exilregierung in London

Daß die Kontinuität und Identität eines Staates von seiner Besetzung nicht beeinträchtigt wird, wird am deutlichsten anhand der Tätigkeit und Existenz der Exilregierungen oder – anders – der Staaten im Exil[195].

---

189 Marek, Identity and continuity of states, S. 83; Kunz, Kriegsrecht, S. 90.
190 Berber, Völkerrecht II, S. 136.
191 Berber, Völkerrecht II, S. 130.
192 Berber, Völkerrecht II, S. 131.
193 Art. 44 HLKO.
194 Art. 46 HLKO.
195 Marek, Identity and continuity of states, S. 86.

a) Begriff

Definiert wird die Exilregierung als oberstes Organ eines Staates, das sich außerhalb des eigenen Staatsgebietes befindet und mit Zustimmung oder Mithilfe des Aufenthaltsstaates Regierungsfunktionen zumindest z.T. wahrnimmt[196]. Abstellend auf die Art und den Ort ihrer Entstehung wird zwischen echten, Quasi- und Schein-Exilregierungen[197] bzw. legitimen und illegitimen Exilregierungen[198] unterschieden. Um eine echte bzw. legitime Exilregierung handelt es sich, wenn die bereits vorhandene, verfassungsgemäß gebildete Regierung eines Staates infolge Kriegseinwirkung/Besetzung durch den Gegner ihrer effektiven Herrschaft beraubt wird und sich auf das Gebiet eines anderen Staates zurückziehen muß[199]. Daß es sich bei der jugoslawischen Regierung um eine solche legitime Regierung handelte, ist unbestritten[200].

b) Stellung

Grundsätzlich bedarf die Exilregierung einer Genehmigung des Gastlandes zum Aufenthalt sowie dessen Zustimmung zur Ausübung der Regierungsfunktionen. Dieses Erfordernis beruht auf dem Grundsatz, daß jeder Staat auf seinem Territorium die ausschließliche Souveränität besitzt und es eine Verletzung dieser Souveränität bedeutet, wenn ein anderer Staat seine Personalhoheit im Widerspruch zur Gebietshoheit eines anderen Staates ausübt[201]. Ob diese Zustimmung, die Großbritannien durch den Diplomatic Privileges Act vom 6. März 1941 erteilte[202], eine Art der Anerkennung mit konstitutivem Charakter ist, ist streitig. Sie hat aber insoweit konstitutiven Charakter, als vom Gaststaat festgestellt wird, daß die *de jure* Regierung des kriegerisch besetzten Staates als völkerrechtliches Organ weiter existiert und es dieser gestattet ist, innerhalb des räumlichen Geltungsbereiches des Gaststaates ihre Or-

---

196 Schaumann, Exilregierungen, in: Strupp/Schlochauer, WV I, S. 498; Brandweiner, ÖZöR 3 (1951), S. 497.
197 Brandweiner, ÖZöR 3 (1951), S. 503.
198 Mattern, Die Exilregierung, S. 65.
199 Mattern, Die Exilregierung, S. 66 f.; Brandweiner, ÖZöR 3 (1951), S. 502.
200 Oppenheimer, AJIL 36 (1942), S. 569; Brandweiner, ÖZöR 3 (1951), S. 503; Mattern, Die Exilregierung, S. 16.
201 Brandweiner, ÖZöR 3 (1951), S. 507; Oppenheimer, AJIL 36 (1942), S. 583 f.
202 Brandweiner, ÖZöR 3 (1951), S. 508; Mattern, Die Exilregierung, S. 59; Schaumann, Exilregierungen, in: Strupp/Schlochauer, WV I, S. 499; Oppenheimer, AJIL 36 (1942), S. 576.

II. Das Kriegsrecht in bezug auf Jugoslawien (1941-1945)   47

ganfunktion auszuüben[203]. Einer darüber hinausgehenden Anerkennung durch dritte Staaten bedarf es hingegen nicht[204]. Die Exilregierung bleibt das oberste Organ ihres Landes und wird auch durch die Anerkennung kein eigenes Völkerrechtssubjekt[205].

c) Ausübung von Staatsgewalt

Während ihres Aufenthalts in London schloß die jugoslawische Regierung bi- und multilaterale Verträge, entfaltete Gesetz- und Verordnungstätigkeiten und stellte Streitkräfte auf. Obwohl sie das Recht zu ihrer Tätigkeit von der Zustimmung Englands ableitete, bedeutet dies keine Übertragung von dessen Souveränität auf die jugoslawische Regierung[206]; die Exilregierung übt vielmehr Rechte aus, die ihr auf Grundlage ihrer eigenen Rechtsordnung verliehen wurden[207], und hat sich daher an die Grenzen ihrer Verfassung zu halten[208]. Nach der jugoslawischen Verfassung vom 3. September 1931[209] besaß der König im Kriegsfalle ein Notstandsrecht, das ihn befugte, alle notwendigen Maßnahmen für das Königreich unabhängig von rechtlichen oder verfassungsmäßigen Beschränkungen vorzunehmen[210].

d) Durchsetzung der Staatsgewalt gegenüber den Staatsangehörigen

Schwierigkeiten bereitet die Durchsetzung der Akte einer Exilregierung. Diese bleibt auf das Territorium der sie anerkennenden Staaten und auf ihre dort befindlichen

---

203 Brandweiner, ÖZöR 3 (1951), S. 509; Schaumann, Exilregierungen, in: Strupp/Schlochauer, WV I, S. 499.
204 Brandweiner, ÖZöR 3 (1951), S. 509; Mattern, Die Exilregierung, S. 77; Schaumann, Exilregierungen, in: Strupp/Schlochauer, WV I, S. 498; Guggenheim, Völkerrecht II, S. 199; Marek, Identity and continuity of states, S. 91.
205 So Guggenheim, Völkerrecht II, S. 199 f., der zur Begründung anführt, für Handlungen der Exilregierungen hafteten nur die ihnen unmittelbar unterworfenen Individuen, das im besetzten Gebiet lebende Volk sei jedoch nur der nicht untergegangenen staatlichen Rechtsordnung unterstellt. Dagegen ausführlich Marek, Identity and continuity of states, S. 91 f. und Oppenheimer, AJIL 36 (1942), S. 582.
206 Mattern, Die Exilregierung, S. 60.
207 Marek, Identity and continuity of states, S. 90; Mattern, Die Exilregierung, S. 60.
208 Oppenheimer, AJIL 36 (1942), S. 578; Mattern, Die Exilregierung, S. 61.
209 Entnommen aus Oppenheimer, AJIL 36 (1942), S. 580.
210 Oppenheimer, AJIL 36 (1942), S. 580 f.

Staatsangehörigen beschränkt, die den Anordnungen ihrer Exilregierung Folge zu leisten haben[211]. Unter Berufung auf den Vorrang der Gebietshoheit des Gaststaates gegenüber der Personalhoheit der Exilregierung bedarf diese bei der Durchsetzung ihrer Akte der Unterstützung der Gerichte und Behörden des Gaststaates[212], die im Gegenzug auch von den Staatsangehörigen zur Überprüfung der Rechtsgültigkeit der Handlungen der Exilregierung angerufen werden können[213]. Auf dem Territorium des Heimatstaates entfalten die Regierungshandlungen der Exilregierung in aller Regel zunächst keine Rechtswirkung[214], da kein Völkerrechtssatz existiert, der die Besatzungsmacht zwingt, Änderungen des Landesrechts nach dem Zeitpunkt der Besetzung zu respektieren[215].

e) Bedeutung des Tito-Šubašić-Abkommens

An dem Status der Regierung König Peters als legitimer Regierung ändert auch das Tito-Šubašić-Abkommen, auf das im folgenden noch näher eingegangen werden wird, bzw. die Anerkennung der Partisanen Titos durch Großbritannien nichts. Weder hatten die Alliierten eine andere Regierung de jure anerkannt, noch erfüllten Tito und seine Organisation die Voraussetzungen, die an eine effektive Regierung gestellt werden, da er erst nach der Kapitulation der deutschen Truppen und nach Vertreibung der Parteigänger König Peters und General Mihailovićs die tatsächliche Gewalt über Gesamtjugoslawien ausübte.

Soweit wegen der Beherrschung einzelner Landesteile eine De-facto-Anerkennung von Titos Organisation erfolgt sein mag, bedeutete auch dies nicht den Verlust des Regierungsstatus für die Exilregierung. Inhalt und Wirkung einer De-facto-Anerkennung bedeuten vielmehr, daß eine De-jure-Regierung existiert, die volle Souveränität über das Staatsgebiet genießen sollte, dies aber tatsächlich nicht tut, und daß daneben eine De-facto-Regierung existiert, die tatsächlich im Besitz der fraglichen Hoheitsbefugnisse ist, auch wenn diese rechtswidrig erlangt sein mögen. Die

---

211 Mattern, Die Exilregierung, S. 63; Schaumann, Exilregierungen, in: Strupp/Schlochauer, WV I, S 499.
212 Oppenheimer, AJIL 36 (1942), S. 587
213 Mattern, Die Exilregierung, S. 61; Oppenheimer, AJIL 36 (1942), S. 588.
214 A.A. Marek, Identity and continuity of states, S. 94, mit der Begründung, es sei der Exilregierung ohne weiteres möglich gewesen, Widerstandsbewegungen zu befehligen, die auch von den Alliierten als Armeen anerkannt worden seien.
215 Brandweiner, ÖZöR 3 (1951), S. 499.

II. Das Kriegsrecht in bezug auf Jugoslawien (1941–1945)

De-facto-Anerkennung hat somit einen provisorischen Charakter und bringt zum Ausdruck, daß der bestehende Zustand nur als vorläufig betrachtet wird[216].

4. Die kriegsvölkerrechtliche Stellung der Widerstandsgruppen in Jugoslawien

Vor allem der Krieg in Jugoslawien war geprägt von einem Partisanenkampf, d.h. einem Kampf hinter der feindlichen Front und in den besetzten Gebieten. Nicht in staatlichen Truppen organisierte Kämpfer errichteten ein umfassendes Sabotage- und Widerstandsnetz, das vor allem der Zerstörung der feindlichen Verbindungslinien und der Zermürbung der feindlichen Moral durch heimtückische Überfälle dienen sollte. Da die Haager Landkriegsordnung zwischen legalen und illegalen Kombattanten unterscheidet und nur legalen Kombattanten das Privileg der Behandlung als Kriegsgefangene einräumt, ist insbesondere für die Problematik, wie Deutschland Angehörige dieser Gruppen zu behandeln hatte, wichtig, ob auch die Partisanen legale Kombattanten waren.

a) Unterscheidung zwischen legitimen und illegitimen Kombattanten

Bereits in den Verhandlungen zur Brüsseler Deklaration von 1874 und auch in den Verhandlungen zu den beiden Haager Konventionen war umstritten, ob und unter welchen Voraussetzungen neben dem staatlichen Heer andere Personengruppen, vor allem die Zivilbevölkerung, von den Regeln des Kriegsrechts erfaßt werden sollten[217]. Diesem zwischenstaatlichen Interessenkonflikt wurde durch die Regelung der Art. 1 und 2 HLKO Rechnung getragen, in denen der Kreis der Personen festgelegt ist, die als sog. legale Kombattanten im Rahmen des Kriegsrechts ermächtigt sind, kriegerische Akte zu setzen, und im Fall ihrer Gefangennahme Kriegsgefangenenstatus genießen. Danach sind Milizen und Freiwilligenkorps als Kriegführende anerkannt, wenn an ihrer Spitze jemand steht, der für seine Untergebenen verantwortlich ist, sie ein bestimmtes aus der Ferne erkennbares Abzeichen tragen, die Waffen offen führen und die Gesetze und Gebräuche des Kriegs beachten[218]. Ohne Belang für die Frage, wer Angehöriger der irregulären Streitkräfte einer kriegführenden Par-

---

216 Epping/Gloria, in: Ipsen, Völkerrecht, § 22, Rn. 15, S. 263 f.; Berber, Völkerrecht I, S. 144.
217 Nurick/Barrett, AJIL 40 (1946), S. 564; Kunz, Kriegsrecht, S. 64.
218 Vgl. Art. 1 HLKO.

tei ist, ist, ob die irregulären Verbände mit oder ohne Ermächtigung der betreffenden Partei bzw. der Regierung eines Landes aufgestellt werden[219]. Grundlage für diese Regelung war das anerkannte Sicherheitsbedürfnis der kriegführenden Parteien bzw. ihrer Soldaten, die vor Angriffen aus dem Hinterhalt geschützt werden und zugleich als Besatzungsmacht in der Lage sein sollten, die öffentliche Ordnung im Besatzungsgebiet aufrechtzuerhalten, indem vor allem Übergriffe marodierender Truppen auf die Zivilbevölkerung verhindert wurden[220].

Unstreitig ist, daß sog. Guerillas nicht in den Schutzbereich der Haager Landkriegsordnung fallen. Ihr Charakteristikum ist, daß sie nur z.T. organisiert sind, für gewöhnlich aus den Überresten der ehemaligen Armee und Privatpersonen bestehen, verdeckt agieren und daher keine Uniformen oder erkennbaren Abzeichen tragen und sich in aller Regel nicht an die Vorschriften des Kriegsrechts halten, feindliche Soldaten also z.B. nicht zu Kriegsgefangenen machen, sondern töten, sowie die völkerrechtlich geschützte Zivilbevölkerung in ihre Strategie miteinbeziehen[221]. In der Staatenpraxis üblich und in der Literatur anerkannt war, Guerillas als illegitime Kombattanten, d.h. nicht als Bestandteil der bewaffneten Macht zu behandeln, deren Akte als Verbrechen mit dem Tode bestraft werden konnten[222]. In der völkerrechtlichen Literatur streitig war lediglich, ob dies auch für Widerstandsbewegungen gelten sollte, die das Kriegsrecht beachteten[223], und ob der Verurteilung eines Widerstandskämpfers ein Prozeß vorausgehen mußte[224]. Eine dementsprechende positive Völkerrechtsnorm existierte jedoch nicht, so daß Deutschland bei der Bestrafung der jugoslawischen Widerstandskämpfer, die unstreitig den Erfordernissen der Art. 1, 2 HLKO nicht genügten[225], nicht gegen Völkerrecht verstieß[226].

---

219 Von der Heydte, Völkerrecht II, S. 348; Berber, Völkerrecht II, S. 143.
220 Wilson, AJIL 38 (1944), S. 494; Baxter, BYIL 27 (1950), S. 343.
221 Castrén, Law of War and Neutrality, S. 148; Oppenheim/Lauterpacht, International Law, Vol. II, S. 212; Nurick/Barrett, AJIL 40 (1946), S. 570.
222 Baxter, BYIL 27 (1950), S. 344; Wilson, AJIL 38 (1944), S. 495; Castrén, Law of War and Neutrality, S. 148; Berber, Völkerrecht II, S. 147; Nurick/Barrett, AJIL 40 (1946), S. 580.
223 Nurick/Barrett, AJIL 40 (1946), S. 582.
224 Baxter, BYIL 27 (1950), S. 336.
225 Wilson, AJIL 38 (1944), S. 495; Nurick/Barrett, AJIL 40 (1946), S. 567; Oppenheim/Lauterpacht, International Law, Vol. II, S. 256.
226 An den entscheidenden Erfordernissen der Kennzeichnung und der offenen Waffenführung hält auch die III. Genfer Konvention in Art. 4 A (2) fest, so daß auch nach dem Zweiten Weltkrieg Guerillas diesen Anforderungen selten genügten, vgl. Stone, International conflicts, S. 566.

b) Anerkennung von Widerstandsgruppen

Deutschland war danach berechtigt, die Widerstandskämpfer zu bestrafen. Zwar kämpften die Angehörigen sowohl der Tschetniks als auch der Partisanen auf seiten einer Kriegspartei, des jugoslawischen Staates, gegen die Achsenmächte, wobei nicht erheblich ist, daß Mihailović dies mit expliziter Anerkennung der jugoslawischen Exilregierung tat. Die Widerstandstätigkeit beider Gruppen war jedoch nicht mit dem ius in bello vereinbar, da die Verübung plötzlicher Anschläge und die Suche nach Deckung in der Masse der Zivilbevölkerung den Hauptbestandteil des Widerstandskampfes darstellte.

c) Geiselnahmen als Kriegsrepressalie

Die Reaktion Hitlers auf die Aktionen der Widerstandsbewegungen war u.a. der „Nacht- und Nebelerlaß", in dem dieser befahl, daß für jeden bei Überfällen getöteten Deutschen 100 Jugoslawen und für jeden verwundeten Deutschen 50 Jugoslawen getötet werden sollten[227]. Dieser Erlaß, auf dessen Grundlage der Chef des Oberkommandos der Wehrmacht, Feldmarschall Wilhelm Keitel, seine „Richtlinien für die Verfolgung von Straftaten gegen das Reich oder die Besatzungsmacht in den besetzten Gebieten" vom 7. Dezember 1941 erließ[228], wurde in der Folgezeit von der deutschen Armee in Jugoslawien in die Tat umgesetzt. In vielen slowenischen Städten wurden Zivilpersonen als Geiseln genommen und als Reaktion auf die Ermordung deutscher Soldaten erschossen[229]. Zudem wurden Konzentrationslager eingerichtet, in denen Geiseln gesammelt und die von dort aus entweder in deutsche Arbeitslager deportiert oder im Rahmen von Repressalienmaßnahmen erschossen wurden.

(1) Zulässigkeit der Kriegsrepressalie

Die völkerrechtliche Zulässigkeit dieser Maßnahmen beurteilt sich nach den Regeln über die Kriegsrepressalie. Kriegsrepressalien[230] sind an sich völkerrechtswidrige

---

227 Zalar, Yugoslav communism, S. 80; Strugar, Jugoslawischer Volksbefreiungskrieg, S. 76; Wheeler, War for Yugoslavia, S. 65.
228 Zalar, Yugoslav communism, S. 80, Fn. 143; Oppenheim/Lauterpacht, International Law, Vol. II, S. 591.
229 Griesser-Pečar, Das zerrissene Volk, S. 31 f.; Hammer/Salvin, AJIL 38 (1944), S. 31.
230 Von Oppenheim/Lauterpacht, International Law, Vol. II, S. 591, als Beschränkung des Kriegsrechts beurteilt.

Akte, die nur erlaubt sind, weil sie die Einhaltung des Kriegsrechts nach Verletzung desselben durch den Gegner zum Ziel haben[231]. Präventiven Charakter hat sie danach nur insofern, als sie neben der Beendigung des erfolgten Verstoßes auch der Verhütung künftiger Völkerrechtsverletzungen dient[232]. Wegen ihres beschränkten Anwendungsbereiches handelt es sich bei der Repressalie weder, wie z.B. Hall annimmt[233], um eine Strafe oder um Rache, sondern um eine Form völkerrechtlicher Selbsthilfe[234], gegen die keine Gegenrepressalie erlaubt ist[235].

Die völkerrechtlichen Regeln über die Repressalie sind nicht kodifiziert, sondern beruhen ausschließlich auf z.T. unsicherem Gewohnheitsrecht[236] und unterstehen entsprechend der Präambel der HLKO den anerkannten Gesetzen der Humanität und den Forderungen des öffentlichen Gewissens. Ihre Anwendung ist an strenge Voraussetzungen geknüpft. Sie darf insbesondere nicht unproportional zu der vorangegangenen Rechtsverletzung sein, keine inhumanen oder unmoralischen Akte beinhalten und muß unverzüglich beendet werden, wenn die Rechtsverletzung eingestellt ist[237]. Aus dem Vorstehenden folgt, daß der Repressalie Mißbrauchsmöglichkeiten innewohnen und Mängel anhaften, die – insbesondere wegen des Fehlens einer objektiven unparteiischen Rechtsanwendungsinstanz – vielen völkerrechtlichen Instituten inhärent sind. So urteilt jeder Kriegführende für sich, ob die Voraussetzungen einer Repressalie gegeben sind und ob eine rechtmäßige Repressalienmaßnahme vorliegt, mit der Folge, daß Repressalie und Gegenrepressalie faktisch zu einer Aufhebung des Kriegsrechts führen können[238].

(2) Geiselnahme und Geiseltötung
Eine besondere Form der Repressalie stellt die Geiselnahme dar. Diese bzw. das Stellen von Geiseln ist ein altes und häufig genutztes Institut des Völkerrechts, das ursprünglich den Sinn hatte, durch die Hingabe eines menschlichen Pfandes ein bestimmtes, z.T. vertraglich festgelegtes Verhalten zu gewährleisten[239]. Später war es

---

231 Castrén, Law of War and Neutrality, S. 69; Kunz, Kriegsrecht, S. 32.
232 Castrén, Law of War and Neutrality, S. 69; Kunz, Kriegsrecht, S. 32.
233 Hall, International Law, S. 495.
234 Berber, Völkerrecht II, S. 235; Castrén, Law of War and Neutrality, S. 69; Kunz, Kriegsrecht, S. 31.
235 Berber, Völkerrecht II, S. 235; Castrén, Law of War and Neutrality, S. 69.
236 Kunz, Kriegsrecht, S. 32; Castrén, Law of War and Neutrality, S. 69.
237 Stowell, AJIL 36 (1942), S. 650; Hall, International Law, S. 495; Castrén, Law of War and Neutrality, S. 70; Berber, Völkerrecht II, S. 166.
238 Hall, International Law, S. 496; Berber, Völkerrecht II, S. 236; Stowell, AJIL 36 (1942), S. 649; Kunz, Kriegsrecht, S. 33.
239 Kuhn, AJIL 36 (1942), S. 271; Hammer/Salvin, AJIL 38 (1944), S. 20; Berber, Völkerrecht II, S.

Staatenpraxis, Zivilisten als sog. Gefahrengeiseln („menschliche Schutzschilde") zu nehmen, durch die die eigenen Truppen vor Angriffen der feindlichen Bevölkerung und Armeen geschützt werden sollten[240].

Die Haager Konventionen enthalten kein direktes Verbot der Geiselnahme. Einige Autoren[241] leiteten ein solches Verbot aus dem Wortlaut der Art. 46 und 50 HLKO her. Dagegen wurde angeführt, Art. 50 HLKO könne auch so ausgelegt werden, daß bereits die passive Unterstützung von Aufständischen oder Verbrechern, z.B. die Nichtanzeige geplanter Straftaten oder die moralische Unterstützung von Tätern eine Mitverantwortlichkeit der Bevölkerung begründe, die eine kollektive Bestrafung rechtfertige[242]. Auch die bloße Vermutung, daß die Bevölkerung Aufständische unterstütze, wurde als ausreichend angesehen[243]. Im Hinblick auf Art. 46 wurde angeführt, er schütze ausdrücklich nicht die Freiheit der Bürger eines besetzten Landes[244]. Selbst wenn dies aber der Fall sei, mache der Krieg viele Freiheitsbeschränkungen notwendig, denen sich die Einwohner auf Grund ihrer Gehorsamspflicht zu fügen hätten[245]. Zudem sei es gemäß Artikel 43 HLKO die Pflicht der Besatzungsmacht, alle Vorkehrungen zu treffen, die geeignet seien, die öffentliche Ordnung wiederherzustellen und aufrechtzuerhalten, und dazu auch die Geiselnahme erlaubt[246].

Die Geiselnahme und auch die Geiselerschießung war im Verlauf des Zweiten Weltkriegs als Kriegsrepressalie gerechtfertigt. Unter Repressalie versteht das Völkerrecht Maßnahmen der Selbsthilfe, durch die eine begangene Völkerrechtsverletzung mit Maßnahmen beantwortet werden darf, die an sich ebenfalls völkerrechtswidrig wären, aber kraft ihres Repressaliencharakters diesen völkerrechtswidrigen Charakter verlieren, also völkerrechtlich gerechtfertigt sind. Art. 46 HLKO sieht zwar einen umfassenden Schutz des Einzelnen im besetzten Gebiet vor. Dieser Schutz konnte allerdings bei völkerrechtswidrigen Angriffen auf die Besatzungsmacht im besetzten Gebiet im Rahmen der Proportionalität außer Kraft gesetzt werden. Art. 50 HLKO bot kaum Schutz, da die „Mitverantwortlichkeit der Bevölke-

---

137; Castrén, Law of War and Neutrality, S. 76; Oppenheim/Lauterpacht, International Law, Vol. II, S. 589; Kunz, Kriegsrecht, S. 77.
240 Kunz, Kriegsrecht, S. 77; Castrén, Law of War and Neutrality, S. 76; Hall, International Law, S. 565.
241 Wright, BYIL 25 (1948), S. 303.
242 Castrén, Law of War and Neutrality, S. 78; Berber, Völkerrecht II, S. 237; von der Heydte, Völkerrecht II, S. 382; Verdross, Völkerrecht, S. 460, Fn. 1.
243 Stone, International conflicts, S. 703, Fn. 48.
244 Castrén, Law of War and Neutrality, S. 79.
245 Meurer, Kriegsrecht, S. 251.
246 Hammer/Salvin, AJIL 38 (1944), S. 26; Castrén, Law of War and Neutrality, S. 26.

rung" weit ausgelegt wurde. Wie sich aus der Vorgeschichte des Art. 50 HLKO ergibt, wurde eine „Mitverantwortlichkeit" schon bei passiver Solidarität mit den effektiven Rechtsbrechern angenommen, etwa wenn die Bevölkerung von den verbrecherischen Absichten der effektiven Rechtsbrecher wußte, aber sie nicht anzeigte oder verhinderte. Erst die IV. Genfer Konvention vom 12. August 1949 zum Schutze von Zivilpersonen in Kriegszeiten schuf ein absolutes Repressalienverbot gegen Zivilpersonen und ihre Vermögen (Art. 33 Abs. III) wie ein absolutes Verbot der Geiselnahme (Art. 34).

Gegen ein – auch nur gewohnheitsrechtliches – Verbot der Geiselnahme spricht auch die Staatenpraxis[247], so daß Repressalien- und Sicherungsgeiselschaft im Zweiten Weltkrieg völkerrechtlich erlaubt waren[248]. Dies gilt auch für die Tötung von Geiseln. In Staatenpraxis und Literatur[249] war anerkannt, daß es durchaus Fälle geben könne, in denen Geiseln "may be punished or put to death if the unlawful acts are nevertheless committed"[250]. Dies war jedoch nur unter strengen Voraussetzungen zulässig, durfte nicht exzessiv sein und "must not exceed the degree of violation committed by the enemy"[251], hatte mithin die Bedeutung eines "unavoidable last resort to desist the enemy from illegal practice"[252].

Die Gegner dieser Auffassung erbringen keinen Nachweis für ein der Tötung von Geiseln entgegenstehendes vertragliches oder gewohnheitsrechtliches Verbot[253]. Daß im Zweiten Weltkrieg kein völkerrechtliches Verbot der Tötung von Geiseln existierte, diese unter bestimmten Voraussetzungen vielmehr zulässig war, führte auch das Internationale Militärtribunal in Nürnberg in dem Südost-Fall aus: "Under certain very restrictive conditions and subjects to extensive safeguards, hostages may be taken and after a judicial finding of strict compliance with all pre-conditions and as a last desperate remedy hostages may even be sentenced to death"[254]. Daß diese

---

247 Vgl. auch die Nachweise bei Hammer/Salvin, AJIL 38 (1944), S. 30; Kunz, Kriegsrecht, S. 78, Fn. 63.
248 So auch Kuhn, AJIL 36 (1942), S. 273; Verdross, Völkerrecht, S. 460; Hammer/Salvin, AJIL 38 (1944), S. 22.
249 So Meurer, Kriegsrecht, S. 251, der „die wirklich friedlichen Einwohner" gegen Tötung schützt.
250 Zit. nach Wright, BYIL 25 (1948), S. 304; siehe auch Hammer/Salvin, AJIL 38 (1944), S. 31; Castrén, Law of War and Neutrality, S. 78.
251 British manual of military Law, § 459 (zit. nach Hammer/Salvin, AJIL 38 (1944), S. 30).
252 American rules of Land Warfare, § 358 b (zit. nach Hammer/Salvin, AJIL 38 (1944), S. 30).
253 Wright, BYIL 25 (1948), S. 299, der zunächst behauptet "the principle which forbids such killing is long established", um dann einschränkend auszuführen "or at least was very clearly stated by Grotius in the seventeenth century".
254 Law Reports of the Trials of War Criminals, Vol. VIII, S. 77–88; vgl. auch das Urteil im sog. High Command Case, Law Reports of the Trials of War Criminals, Vol. XII, S. 84 f.

strengen Voraussetzungen von den Deutschen nicht eingehalten worden waren, diese die Geiseln vielmehr willkürlich ausgesucht und in unverhältnismäßig großer Anzahl zu ihren eigenen Opfern getötet hatten, war auch der Hauptvorwurf, den sowohl Autoren als auch das I.M.T. ihnen machten[255].

---

255 Kuhn, AJIL 36 (1942), S. 273; Hammer/Salvin, AJIL 38 (1944), S. 33; Stone, International conflicts, S. 703.

III. Die Ausübung besatzungshoheitlicher Gewalt in den einzelnen Zonen Sloweniens

Wie bereits an anderer Stelle ausgeführt[256], teilten Deutschland, Italien und Ungarn Slowenien mit seinen ca. 1,5 Mio. Einwohnern unter sich auf.

1. Die Deutsche Besatzungszone: der Annexionsversuch

a) Eindeutschung

Unmittelbar nach der Besetzung der ihm zugehörigen Gebiete Oberkrain und Steiermark entfaltete Deutschland eine umfangreiche Verordnungs- und Verwaltungstätigkeit, die darauf abzielte, diese Teile gemäß Hitlers Anweisung „wieder deutsch" zu machen und das slowenische Volk zu vernichten[257]. Zu diesem Zweck wurde Deutsch zur Amtssprache erklärt und der Gebrauch der slowenischen Sprache auch in Schulen, Universitäten und Kirchen verboten; selbst slowenische Namen mußten in ihre deutsche Form umgewandelt werden.

Auch in das gesellschaftliche und kulturelle Leben wurde eingegriffen. Fast alle politischen und kulturellen Einrichtungen wurden verboten, insbesondere Vereine und Gewerkschaften aufgelöst, die Religionsausübung behindert, Bibliotheken und Kirchenvermögen beschlagnahmt sowie zahlreiche slowenische Intellektuelle und Geistliche verhaftet. Positionen im slowenischen Verwaltungs- und Bildungsapparat wurden mit Deutschen besetzt und die slowenischen Beamten entlassen und häufig ausgewiesen. Zugleich wurden neue Verwaltungsbezirke und für die Untersteiermark und die Oberkrain eigene Zivilverwaltungen gebildet.

b) Ausdehnung der Reichsgesetze, insbesondere des Staatsangehörigkeitsrechts

Schrittweise wurde auch der Anwendungsbereich deutscher Gesetze, insbesondere des Strafrechts, auf Slowenien ausgeweitet und neue Gesetze für das besetzte Ge-

---

256 Vgl. oben, Teil A Kap. I 2. a) (1).
257 Griesser-Pečar, Das zerrissene Volk, S. 18 ff.
258 Die mit Wirkung vom 14. April 1941 in Kraft trat.

biet erlassen. Mit der „Verordnung für den Erwerb der Staatsangehörigkeit in den befreiten Gebieten von Untersteiermark, Kärnten und Krain"[258] wurde den Einwohnern Sloweniens in abgestufter Form die deutsche Staatsangehörigkeit verliehen. Danach erhielten die deutschstämmigen Einwohner die deutsche Staatsangehörigkeit und Slowenen, die sich als „heimattreu" erwiesen hatten und den rassischen Anforderungen entsprachen[259], eine Staatsbürgerschaft auf Widerruf, während der Rest der Bevölkerung zu „Schutzangehörigen des Deutschen Reiches" erklärt wurde[260]. Während für die beiden Gruppen der Staatsangehörigen im Laufe des Jahres 1942 u.a. die Wehrpflicht eingeführt wurde[261], galten für Schutzangehörige des Deutschen Reiches ab dem 25. März 1942 die Bestimmungen der Nürnberger Rassegesetze, die u.a. Eheschließungen mit Deutschen verboten, die Verhinderung der biologischen Vermehrung vorsahen und den Besuch weiterführender Schulen untersagten[262].

c) Deportationen („Umvolkung")

Um den Prozeß der „Umvolkung" zu beschleunigen, wurden zahlreiche Slowenen in andere Gebiete Jugoslawiens umgesiedelt oder zur Zwangsarbeit nach Deutschland deportiert. Ihr zurückgelassenes Eigentum wurde beschlagnahmt, von der deutschen Umsiedlungstreuhandgesellschaft bis zur Ansiedlung von Deutschen verwaltet, an die es dann übergeben wurde[263]. Infolge der zunehmenden Partisanenangriffe gingen die Deutschen dazu über, zivile Geiseln zu nehmen und diese als Vergeltungsmaßnahme ebenfalls zu töten oder zu deportieren.

d) Änderungen des Wirtschafts- und Finanzsystems

Auch das Wirtschafts- und Finanzsystem Sloweniens wurde umgestaltet. Mit Verordnung vom 28. Mai 1941 wurde die deutsche Währung in der Untersteiermark, mit Verordnung vom 23. Mai 1941 in Kärnten und der Krain eingeführt und zugleich ein neuer Wechselkurs festgelegt, der den Wert des Dinar zur Reichsmark mit 0,05 : 1 bestimmte. Alle Kooperativen, landwirtschaftlichen Vereinigungen und Banken

---

259 Slowenen waren rassisch mit den Werten 1–2 skaliert worden, Griesser-Pečar, Das zerrissene Volk, S. 26.
260 Griesser-Pečar, Das zerrissene Volk, S. 19.
261 Griesser-Pečar, Das zerrissene Volk, S. 25.
262 Griesser-Pečar, Das zerrissene Volk, S. 25.
263 Suppan, Zwischen Adria und Karawanken, S. 397 f.; Griesser-Pečar, Das zerrissene Volk, S. 31.

wurden verboten und deutsche Banken eingerichtet. Neben der Erhebung ortsüblicher Steuern machte Deutschland zusätzlich die Kosten der Besetzung geltend. Die Gehälter der Slowenen wurden auf der Höhe eingefroren, die sie am Tag vor der Invasion erreicht hatten. Slowenen, die als Zwangsarbeiter nach Deutschland deportiert worden waren, erhielten nur einen Teil ihres Lohnes ausgezahlt; der Rest wurde bereits vorher für geleistete Verpflegung einbehalten und ein weiterer, beträchtlicher Teil vom Arbeitgeber als sog. „Ostarbeiterabgabe" an den Staat abgeführt.

2. Die italienische und ungarische Besatzungszone

In ihren Besatzungszonen folgten die Italiener und Ungarn weitgehend dem deutschen Beispiel.

a) Ljubljana und adriatische Küste

Im Unterschied zu den Deutschen erlaubte Italien den Fortbestand slowenischer Kulturinstitutionen, den Gebrauch der slowenischen Sprache und die Religionsausübung der Slowenen[264]. Wie auch in der deutschen Besatzungszone wurden leitende Posten in der Verwaltung mit Italienern besetzt und neue Behörden geschaffen, in denen ausschließlich Italiener arbeiteten. Den meist slowenischen Bürgermeistern wurden zudem italienische Bezirkshauptleute übergeordnet, die umfangreiche Kontroll- und Anweisungsbefugnisse hatten. Die Gerichte setzten ihre Tätigkeit unverändert fort; Ausnahme waren jedoch politisch relevante Delikte, für deren Aburteilung ein in Ljubljana errichtetes Militärgericht zuständig war. Nach der italienischen Kapitulation am 8. September 1943 besetzten die Deutschen ab September auch die Provinz Laibach und das Küstengebiet und gründeten eine Operationszone „Adriatisches Küstenland".

b) Übermur- und Zwischenmurgebiet

Das ungarische Besatzungsregime zeigte Ähnlichkeiten mit der deutschen Besatzungspolitik. Auch hier setzte ein umfangreicher Denationalisierungsprozeß ein[265].

---

264 Griesser-Pečar, Das zerrissene Volk, S. 34.
265 Zalar, Yugoslav communism, S. 75.

So wurde das Übermurgebiet, das am 16. April 1941 an Ungarn übergeben worden war, nach zunächst ungarischer Militärverwaltung mit Beschluß vom 15. August 1941 einer ungarischen Zivilverwaltung unterstellt und mit Wirkung zum 27. Dezember 1941 von Ungarn annektiert. Im Rahmen der Umstrukturierung des Besatzungsgebietes wurden neue Verwaltungsbezirke gebildet und alle leitenden Posten mit Ungarn besetzt. Da die Ungarn die Existenz des slowenischen Volkes überhaupt leugneten, es sich bei diesen nach ungarischer Interpretation vielmehr um „Wenden" handelte, wurden alle slowenischen Nationalitätsmerkmale verboten. Nach deutschem Muster wurde Ungarisch zur Amtssprache erklärt, die Familiennamen magyarisiert und der Gebrauch der slowenischen Sprache verboten. Bücher in slowenischer Sprache wurden vernichtet und slowenische Vereine aufgelöst. Ab 1942 wurden slowenische Männer zum Wehrdienst einberufen. Intellektuelle und Geistliche wurden verhaftet und viele Slowenen in andere Gebiete Ungarns zwangsumgesiedelt[266].

3. Die völkerrechtliche Bewertung der Ausübung besatzungshoheitlicher Gewalt

Art. 43 HLKO statuiert die der Besatzungsmacht obliegenden Rechte und Pflichten der Verwaltung des besetzten Gebietes. Diese hat danach alle Vorkehrungen zu treffen, um die öffentliche Ordnung und das öffentliche Leben wiederherzustellen und dies, soweit kein zwingendes Hindernis entgegensteht, unter Beachtung der Landesgesetze. Bereits daraus ergibt sich, daß die Deutschen grundsätzlich befugt waren, Angriffe der Widerstandsbewegungen gegen die Zivilbevölkerung oder Besatzungstruppen zu ahnden (vgl. oben). Aus dem provisorischen Charakter der *occupatio bellica* folgt, daß Eroberung nicht der Erwerbung der Souveränität gleichsteht und die Besatzungsmacht daher keine Handlungen vornehmen darf, die Souveränität voraussetzen[267]. Völkerrechtswidrig ist daher sowohl eine vorzeitige Annexion des Besatzungsgebietes[268] als auch die Bildung eines neuen Staates oder die Errichtung sog. Marionetten-Regierungen, die in aller Regel als Organe der Besatzungsmacht fungieren und deren Kompetenzen daher nicht weiter reichen, als die der Besatzungsmacht selbst[269]. Da in Slowenien solche Regierungen nicht eingesetzt

---

266 Griesser-Pečar, Das zerrissene Volk, S. 38.
267 Kunz, Kriegsrecht, S. 92; zur Frage der Rechtsgültigkeit von Maßnahmen der Besatzungsmacht siehe unten, Teil B Kap. IV 2.
268 Vgl. oben Teil A Kap. II 2 b).
269 Castrén, Law of War and Neutrality, S. 217.

III. Die Ausübung besatzungshoheitlicher Gewalt   61

wurden, kann eine weitere Erörterung dieses Punktes und insbesondere der Frage, inwieweit die Besatzungsmacht für Handlungen der von ihr eingesetzten Regierung verantwortlich ist, unterbleiben.

a) Gesetzgebung

Im Bereich der Gesetzgebung gilt der Grundsatz der Fortgeltung des Landesrechts. Der Okkupant darf jedoch Gesetze und Verordnungen erlassen, die zu seiner militärischen Sicherheit und zur Aufrechterhaltung bzw. Wiederherstellung der öffentlichen Sicherheit und Ordnung erforderlich sind[270]. Der Okkupant ist daher insbesondere befugt, Rekrutierungsgesetze außer Kraft zu setzen, die Versammlungs- und Pressefreiheit zu beschränken, Normen zur Stabilisierung der Wirtschaft im Bereich von Handel und Kreditwesen sowie zur Bekämpfung von Wohnungsmangel und Arbeitslosigkeit zu erlassen[271].

Grundsätzlich ist er auch zum Erlaß von Strafvorschriften befugt, die jedoch nicht gegen allgemein anerkannte Rechtsprinzipien, z.B. den Grundsatz der Rechtssicherheit verstoßen dürfen. Die deutsche Praxis, Analogien einzuführen, schuf in einem fast unbeschränkten Ausmaß neue Deliktstatbestände, die mit dem legitimen Sicherheitsbedürfnis einer Besatzungsmacht in keinem Zusammenhang stehen und gegen den Rechtsgrundsatz *nullum crimen sine lege, nulla poena sine lege* verstieß. Gleiches gilt für das eingeführte Prinzip der Rückwirkung von Gesetzen, das dem Okkupanten die Verfolgung und Bestrafung von schon vor der Verkündung des Gesetzes begangenen Akten ermöglichte[272].

Das Ziel Deutschlands und der anderen Besatzungsmächte war jedoch unstreitig, die besetzten Gebiete so schnell wie möglich an Deutschland anzuschließen, so daß nicht militärische, sondern politische Ziele die Grundlage der Gesetzgebungsaktivitäten bildeten[273] mit der Folge, daß ein großer Teil der erlassenen Gesetze völkerrechtswidrig war.

---

270 Hyde, International Law Vol. III, S. 1884; Castrén, Law of War and Neutrality, S. 219.
271 Kunz, Kriegsrecht, S. 93; Castrén, Law of War and Neutrality, S. 220.
272 Vgl. insbesesondere Verordnungsblatt für das besetzte jugoslawische Gebiet Nr. 1 S. 4 „Befehl betreffend Anwendung des deutschen Strafrechts im besetzten jugoslawischen Gebiet", § 1 „Die Gerichte der bewaffneten Macht haben auch Jurisdiktion über Handlungen, begangen vor der Besetzung durch deutsche Truppen"; Lemkin, Axis rule, S. 29; von der Heydte, Völkerrecht II, S. 320.
273 So auch Lemkin, Axis rule, S. 30.

b) Rechtsprechung

Die Gerichte des Landes arbeiten unter der Besatzungsmacht weiter. Sie dürfen weder gezwungen werden, im Namen der Besatzungsmacht Recht zu sprechen, noch darf ihre Unabhängigkeit angetastet werden[274]. Es steht jedoch im Ermessen der Besatzungsmacht, zusätzlich Militärgerichte zu errichten, die für die von den Besatzungstruppen begangenen Delikte und die als Kriegsverrat oder Kriegsrebellion zu ahndenden Delikte der Zivilbevölkerung zuständig sind[275]. Verpflichtet ist sie zur Errichtung eigener Gerichte, wenn die Richter von ihrem Recht, die Arbeit niederzulegen, Gebrauch machen[276].

Mit ihrer Vorgehensweise, slowenische Richter aus dem Dienst zu entfernen oder ganze Gerichte aufzulösen bzw. in ihrer Tätigkeit einzuschränken, verstießen die Besatzungsmächte folglich gegen Besatzungsrecht. Zu erwähnen ist hier insbesondere die Praxis, deutsche Einwohner der besetzten Gebiete von der Rechtsprechungsgewalt der örtlichen Gerichte auszunehmen. Richtern durfte auch nicht die Pflicht auferlegt werden, Urteile „Im Namen des Volkes" zu sprechen[277].

c) Verwaltung

Auch die Verwaltungstätigkeit des besetzten Gebietes besteht gemäß Art. 43 HLKO fort, so daß alle Maßnahmen, die über den provisorischen Charakter der Besetzung hinausgehen, völkerrechtswidrig sind[278]. Eine Verpflichtung, Verwaltungsbeamte des besetzten Gebietes im Amt zu belassen, besteht nicht[279], so daß Deutschland durchaus berechtigt war, vor allem leitende Positionen mit eigenen Staatsangehörigen zu besetzen. Nicht befugt war Deutschland jedoch zu der völligen Umgestaltung der jugoslawischen Verwaltung, die – wie auch die Angleichung der Gesetzgebung – zur Vorbereitung der Annexion diente. Auch sonstige, weit über den Rahmen der Okkupationsbefugnisse hinausgehende Maßnahmen, wie z.B. die Änderung des Wirtschaftssystems oder die Einführung der deutschen Sprache[280], waren unzulässig, weil sie über den Rahmen des Art. 43 HLKO hinausgingen.

---

274 Oppenheim/Lauterpacht, International Law, Vol. II, S. 447; Castrén, Law of War and Neutrality, S. 220; Kunz, Kriegsrecht, S. 93.
275 Hyde, International Law Vol. III, S. 1883; Castrén, Law of War and Neutrality, S. 220.
276 Kunz, Kriegsrecht, S. 93; von Liszt/Fleischmann, Das Völkerrecht, S. 492.
277 Vgl. dazu Lemkin, Axis rule, S. 30.
278 Kunz, Kriegsrecht, S. 94.
279 Kunz, Kriegsrecht, S. 94.
280 Castrén, Law of War and Neutrality, S. 223.

d) Finanzverwaltung

Art. 48 HLKO enthält Vorschriften für die Finanzverwaltung und ermöglicht dem Okkupanten zugleich die finanzielle Erfüllung der ihm obliegenden Ausgaben. Gemäß Art. 48 HLKO ist der Okkupant zur Erhebung von bereits bestehenden Abgaben und Gebühren auf der Grundlage bereits existierender Gesetze dann befugt, wenn er die Kosten der Verwaltung des besetzten Gebietes in dem Umfange trägt, in dem die gesetzmäßige Regierung dazu verpflichtet war. Ausnahmen von diesem Grundsatz sind nur gemäß Art. 49 HLKO zulässig, der die Erhebung darüber hinausgehender zusätzlicher Steuern ausschließlich zur Deckung der Bedürfnisse des Heeres oder der Verwaltung des besetzten Gebietes erlaubt.

Völkerrechtswidrig war danach die Besteuerung der Slowenen zugunsten der deutschen Wirtschaft, während für die Versorgung und Ernährung der Slowenen selbst kaum finanzielle Mittel aufgewendet wurden. Gleiches gilt für die Besteuerung slowenischer Einkommen, wenn sich die Arbeiter in Deutschland aufhielten. War Deutschland bereits nicht zu einer Art. 48 HLKO widersprechenden Besteuerung der sich im Besatzungsgebiet aufhaltenden Slowenen befugt, konnte es dieses Verbot auch nicht durch die Deportation bzw. Beschäftigung von Slowenen im Ausland umgehen[281].

Gemäß Art. 48, 49 HLKO ist es der Besatzungsmacht untersagt, die wirtschaftliche oder finanzielle Situation des besetzten Gebietes nachhaltig zu verändern. Dieses Verbot ergibt sich auch aus Art. 43 HLKO, denn unter die Aufrechterhaltung der öffentlichen Ordnung i.S.d. Vorschrift gehört auch die Ordnung in ökonomischen und finanziellen Beziehungen[282]. Aus diesem Grunde durfte Deutschland weder für den besetzten Staat neue Schulden aufnehmen, noch die deutsche Währung im besetzten Gebiet einführen und den Wechselkurs des Dinar zum Vorteil der Reichsmark schwächen. Diese Maßnahmen hätten nur dann im Einklang mit der HLKO gestanden, wenn es das Ziel der Besatzungsmacht gewesen wäre, die Wirtschaft Sloweniens zu stärken und z.B. einer Inflation zu begegnen[283]. Das Ziel Deutschlands war es jedoch, seine Kaufkraft zu stärken und slowenische Güter zu niedrigen Preisen zu erwerben. Damit verstieß es auch gegen die Regeln der HLKO, die Eingriffe in privates und staatliches Eigentum nur unter engen Voraussetzungen zulassen[284].

---

281 Fried, AJIL 40 (1946), S. 316; Lemkin, Axis rule, S. 64.
282 Lemkin, Axis rule, S. 55; Stone, International conflicts, S. 718.
283 Stone, International conflicts, S. 719; Castrén, Law of War and Neutrality, S. 224.
284 Stone, International conflicts, S. 719; s. auch unten, Teil A Kap. III 3. e) (5).

A) Slowenien unter der Herrschaft der Achsenmächte

Eine Rechtfertigung dieser Maßnahmen unter Berufung auf den Grundsatz militärischer Notwendigkeit ist nicht möglich, da Deutschland weder Maßnahmen zur Unterhaltung der Streitkräfte im besetzten Gebiet noch zum Erreichen militärischer Ziele beabsichtigte, sondern unstreitig die deutsche Wirtschaft unterstützen und politische Ziele erreichen wollte[285].

e) Die Rechtsstellung der Zivilbevölkerung

Die Rechte und Pflichten des Okkupanten in bezug auf die Zivilbevölkerung beruhen auf Völkerrecht, dessen Normen diese aber nicht zu Völkerrechtssubjekten machen, mit der Folge, daß nur die Staatsgewalt des Heimatstaates auf Einhaltung der völkerrechtlichen Schutznormen dringen kann[286]. Die Rechte und Pflichten der Bevölkerung hingegen, insbesondere die Pflicht zum Gehorsam, ergeben sich nicht aus dem Völkerrecht, sondern aus dem durch Völkerrecht begrenzten Besatzungsrecht des Okkupanten[287], dessen Staatsgewalt für die Zeit der Besatzung die Staatsgewalt des besetzten Staates „überlagert"[288].

(1) Anspruch auf nationale Integrität
(a) Verbot der Eindeutschung
Aus dem Fortbestand der alten Staatsgewalt ergibt sich insbesondere, daß die Zivilbevölkerung ihre Staatsangehörigkeit behält[289] und folglich sowohl die von Deutschland geübte Praxis, den Einwohnern Sloweniens zwangsweise die deutsche Staatsangehörigkeit zu verleihen, als auch die Ansiedlung von Deutschen in Slowenien zu dem Zweck der Veränderung der volksmäßigen Zusammensetzung des Gebietes völkerrechtswidrig war[290].

(b) Verbot der Deportation
Besondere Bedeutung hat in diesem Zusammenhang die Deportation von slowenischen Zwangsarbeitern nach Deutschland mit dem Ziel, deutsche Arbeitskräfte für den Wehrdienst freizusetzen und Deutsche in Slowenien ansiedeln zu können. Die

---
285 Lemkin, Axis rule, S. 50; Oppenheim/Lauterpacht, International Law, Vol. II, S. 443; Stone, International conflicts, S. 713.
286 Kunz, Kriegsrecht, S. 94.
287 Oppenheim/Lauterpacht, International Law, Vol. II, S. 439.
288 Verdross, Völkerrecht, S. 463.
289 Castrén, Law of War and Neutrality, S. 217.
290 Von der Heydte, Völkerrecht II, S. 321.

III. Die Ausübung besatzungshoheitlicher Gewalt   65

Deportation (Zwangsverschickung, Zwangsverschleppung) ist ein Aspekt des Minderheitenproblems, ein in Zwangsumsiedlungen bestehender Versuch zu dessen Lösung[291]. Zu unterscheiden ist sie von der Evakuierung, die zwar auch in einem angeordneten Personentransfer besteht, der sich aber von der Deportation dadurch unterscheidet, daß er zumeist eine Schutzmaßnahme im Interesse der Betroffenen darstellt und sich innerhalb der Grenzen des selben Staates vollzieht[292].

Die HLKO regelt die Deportation nicht[293]. Das Verbot der Deportation wird jedoch damit begründet, daß die HLKO deutlich geringere Eingriffe in die Freiheit und Ehre der Zivilbevölkerung verbiete und daher Deportationen erst recht unzulässig seien. Zudem fielen Deportationen unter das Verbot des Art. 52 HLKO[294], da es sich bei ihnen um Dienstleistungen handele, die nicht den Bedürfnissen des Besatzungsheeres dienten und die Verpflichtung beinhalteten, an Kriegsunternehmungen gegen das eigene Vaterland teilzunehmen[295]. Deutsche Autoren hingegen beriefen sich auf militärische Notwendigkeit sowie auf Art. 43 HLKO, der dem Okkupanten die Pflicht zur Aufrechterhaltung der öffentlichen Ordnung auferlegt. Da die Gefahr bestehe, daß die Erfüllung dieser Verpflichtung durch die arbeitslos gewordene Bevölkerung unmöglich werde, sei die Deportation zulässig[296].

Häufig versuchte Deutschland, die Deportationen mit dem Abschluß von „Staatsverträgen" oder dem Abschluß von individuellen Arbeitsverträgen zu rechtfertigen[297]. Soweit Staatsverträge mit sog. Scheinregierungen geschlossen wurden, sind diese jedoch nichtig, da auf der Gegenseite ein zum Vertragsabschluß berechtigtes, den okkupierten Staat verpflichtendes Organ nicht vorhanden, der Gegenkontrahent vielmehr als verlängerter Arm der Okkupationsgewalt anzusehen war[298]. Individuelle Arbeitsverträge wurden häufig unter Anwendung physischen oder moralischen Zwangs, z.B. dem Entzug der Lebensmittelkarten, abgeschlossen, so daß sie in aller Regel nichtig waren[299].

---

291 Uhler, Schutz der Bevölkerung, S. 170.
292 Uhler, Schutz der Bevölkerung, S. 171; Guggenheim, Völkerrecht II, S. 942 Anm. 508; von der Heydte, Völkerrecht II, S. 321.
293 Sie war zu diesem Zeitpunkt noch unbekannt und wurde erstmals im Ersten Weltkrieg von Deutschland unter Protest der übrigen Staaten praktiziert.
294 Fried, AJIL 40 (1946), S. 308.
295 Hyde, International Law Vol. III, S. 1901; so auch Oppenheim/Lauterpacht, International Law, Vol. II, S. 441; Lemkin, Axis rule, S. 72; Fried, AJIL 40 (1946), S. 308.
296 Von Liszt/Fleischmann, Das Völkerrecht, S. 491; Kunz; Kriegsrecht, S. 96, der eine Deportation mit dem Ziel, die Arbeitskräfte im eigenen Land zu stärken, als völkerrechtlich verboten ansieht.
297 Fried, AJIL 40 (1946), S. 319.
298 Fried, AJIL 40 (1946), S. 321.
299 Fried, AJIL 40 (1946), S. 322.

A) Slowenien unter der Herrschaft der Achsenmächte

(2) Pflicht zum Gehorsam, nicht zur Treue

Die Bevölkerung schuldet dem Okkupanten auch keine Treue[300], so daß es diesem untersagt ist, den Einwohnern des besetzten Gebietes einen Treueeid abzuverlangen[301] oder sie zum Wehrdienst in der eigenen Armee einzuberufen[302]. Inwieweit sich die Zivilbevölkerung durch die Organisation von Ortswehren zum Schutz vor Übergriffen der Untergrundkämpfer der Kollaboration mit der Besatzungsmacht schuldig machten, soll im Rahmen der Aufarbeitung der aus dem Bürgerkrieg resultierenden Fragen überprüft werden. Bereits an dieser Stelle kann jedoch festgehalten werden, daß die noch im einzelnen darzulegende Einbeziehung der Landeswehr in den deutschen Polizeiapparat und die Qualifizierung des in der Landeswehr absolvierten Dienstes als Kriegsdienst gegen den völkerrechtlich normierten Schutz der Zivilbevölkerung verstoßen hat.

(3) Grundrechte

Art. 46 HLKO schützt die Ehre und die Rechte der Familie, das Leben und Eigentum der Bürger und deren religiöse Überzeugungen. Obwohl nicht erwähnt, fällt auch die Freiheit unter den Schutzbereich des Art. 46 HLKO, die jedoch in einem weiteren Umfang eingeschränkt werden kann[303]. Umstritten ist, ob der Okkupant befugt ist, in diese sog. „Grundrechte" der Zivilbevölkerung einzugreifen, sofern dies aus Gründen der militärischen Notwendigkeit oder zur Aufrechterhaltung bzw. Wiederherstellung der öffentlichen Ordnung erforderlich ist[304]. Der Auffassung, daß der von Art. 46 gewährte Schutz ein absoluter ist[305], kann nicht gefolgt werden, da die HLKO selbst z.B. im Falle des Eigentums Ausnahmen von diesem Grundsatz vorsieht und sich der Schutz der Grundrechte nur auf friedliche Einwohner erstreckt[306].

(4) Strafen

Der Okkupant ist daher berechtigt, bei Nichtbefolgung seiner Anordnungen oder bei gegen ihn gerichteten feindseligen Handlungen durch die Zivilbevölkerung Strafen zu verhängen[307]. Relevant sind insbesondere die sog. Kriegsrebellion, d.h. der – wie

---

300 Guggenheim, Völkerrecht II, S. 940; Oppenheim/Lauterpacht, International Law, Vol. II, S. 439; Stone, International conflicts, S. 697; Hyde, International Law Vol. III, S. 1898.
301 Art. 45 LKO; Castrén, Law of War and Neutrality, S. 217.
302 Castrén, Law of War and Neutrality, S. 217.
303 Meurer, Kriegsrecht, S. 251.
304 Hyde, International Law Vol. III, S. 1899.
305 So Castrén, Law of War and Neutrality, S. 226.
306 Meurer, Kriegsrecht, S. 250.
307 Meurer, Kriegsrecht, S. 249

sich aus Art. 2 HLKO ergibt – unerlaubte bewaffnete Widerstand der Bevölkerung des besetzten Gebietes und der Kriegsverrat, d.h. jede absichtliche Schädigung, Täuschung oder Gefährdung des Okkupanten durch die Zivilbevölkerung[308]. Die Strafen werden von dem Okkupanten nach seinem Recht und von seinen Gerichten verhängt, wobei Kollektivstrafen nach Art. 50 HLKO verboten sind, sofern die Bevölkerung für strafbare Handlungen nicht als mitverantwortlich betrachtet werden kann[309].

(5) Eigentum
Zu prüfen ist im folgenden, ob und in welchem Umfang Deutschland und die anderen Besatzungsmächte das Privateigentum der Slowenen in Anspruch nehmen durften. Die HLKO statuiert einen umfassenden Schutz des Privateigentums, indem Plünderungen[310] und Konfiskationen[311] verboten werden. Soweit sie in ihren Artikeln 53 II und 52 Ausnahmen von diesem Grundsatz zuläßt, sind diese an strenge Voraussetzungen geknüpft.

(a) Beschlagnahme
Privateigentum der in Art. 53 II genannten Kategorien (private Waffenniederlagen, jede Art von Kriegsvorräten, alle Mittel, die zur Beförderung von Personen oder Sachen und zur Weitergabe von Nachrichten dienen) darf vom Okkupanten beschlagnahmt werden. Dieser ist zur Rückgabe der beschlagnahmten Güter und zur Zahlung einer Entschädigung nach Friedensschluß verpflichtet. Dem Friedensvertragsrecht überläßt die HLKO dabei vor allem die Frage über die Höhe der zu zahlenden Entschädigung und wer sie zahlen soll[312]. Im Fall ihrer Beschlagnahme unterliegen die Güter, die wegen der systematischen Stellung des Art. 53 II HLKO in irgendeiner Form als Kriegsmittel verwendet werden können[313] und nicht nur der Bereicherung der Besatzungsmacht dienen dürfen[314], keiner Beschränkung hinsichtlich ihres Gebrauchs[315]. So stellt es keine Völkerrechtsverletzung dar, wenn der Okkupant beschlagnahmtes Material auch außerhalb des besetzten Gebietes im

---
308 Kunz, Kriegsrecht, S. 96; Hyde, International Law Vol. III, S. 1899.
309 Vgl. dazu und zum Problem der Geiselnahme oben, Teil A Kap. II. 4. c).
310 Art. 47 HLKO.
311 Art. 46 Abs. 2 HLKO.
312 Castrén, Law of War and Neutrality, S. 236; Kunz, Kriegsrecht, S. 100.
313 Jessup, AJIL 38 (1944), S. 458; Stone, International conflicts, S. 706; von der Heydte, Völkerrecht II, S. 324.
314 Castrén, Law of War and Neutrality, S. 236.
315 Guggenheim, Völkerrecht II, S. 946; Kunz, Kriegsrecht, S. 100; Jessup, AJIL 38 (1944), S. 459.

eigenen Land verwendet[316], wobei er – im Gegensatz zur Requisition – kein Eigentum daran erwirbt[317]. Deutschland war danach also insbesondere nicht befugt, das nicht kriegstaugliche Eigentum von Zwangsarbeitern oder zwangsumgesiedelten Slowenen zu beschlagnahmen und dieses an Deutsche zu übertragen.

(b) Requisition von Eigentum
Bei dem in Art. 52 HLKO manifestierten Requisitionsrecht handelt es sich nicht um einen Zwangskauf, sondern eine einseitige Maßnahme der Besatzungsmacht, die aus der Kriegsnotwendigkeit resultiert[318]. Im Gegensatz zur Beschlagnahme unterliegt sie formellen und materiellen Beschränkungen.

(aa) Formelle Voraussetzungen
Requisitionen bedürfen der Ermächtigung durch den Befehlshaber der besetzten Örtlichkeit, Art. 52 II HLKO. Sie sind soweit als möglich bar zu bezahlen oder gegen Quittung zu empfangen. Im Falle danach unrechtmäßiger Requisitionen, d.h. im Falle der unterbliebenen oder verspäteten Bezahlung oder der nicht erteilten Empfangsbestätigung[319], geht das Eigentum nicht auf die Besatzungsmacht über, sondern es entsteht neben einem evtl. Schadensersatzanspruch ein Anspruch auf Restitution der requirierten Sache, solange diese nicht untergegangen oder unauffindbar geworden ist[320]. In aller Regel sind diese Fragen jedoch rechtlich nicht relevant, da die meisten Exilregierungen – auch die jugoslawische mit ihrer Verordnung vom 28. Mai 1942 – alle Vermögensverschiebungen, die unter deutscher Besetzung erfolgten, für nichtig erklärten[321] und diese folglich in der Nachkriegszeit keine Wirkung entfalteten.

Fraglich ist, ob in den Fällen, in denen Deutschland die von ihm requirierte Ware auf Grundlage der neuen Wechselkurse bezahlte, den Anforderungen der HLKO genügt wurde. Diese regelt weder die Höhe des Preises noch die Frage der Währung, in der gezahlt werden soll, läßt sogar die Frage offen, wer die requirierten Güter zu zahlen hat. Da aber die HLKO das Privateigentum schützt, muß auch der Verkehrswert eines Gutes ersetzt werden[322]. Jede indirekte Art der Konfiskation – um die es sich vorliegend handelt – ist mit den Vorschriften der HLKO unvereinbar[323].

---

316 Kunz, Kriegsrecht, S. 100; Jessup, AJIL 38 (1944), S. 459.
317 Kunz, Kriegsrecht, S. 100; Guggenheim, Völkerrecht II, S. 946 Jessup, AJIL 38 (1944), S. 459.
318 Meurer, Kriegsrecht, S. 292; Kunz, Kriegsrecht, S. 101; Castrén, Law of War and Neutrality, S. 238.
319 Kunz, Kriegsrecht, S. 102; Guggenheim, Völkerrecht II, S. 945, Fn. 514.
320 Von der Heydte, Völkerrecht II, S. 326.
321 Robinson, AJIL 39 (1945), S. 222, 224; Lemkin, Axis rule, S. 41.
322 Von der Heydte, Völkerrecht II, S. 325; Castrén, Law of War and Neutrality, S. 240.

(bb) Materielle Voraussetzungen

In materieller Hinsicht unterliegen Requisitionen drei Beschränkungen: Sie dürfen für die Bevölkerung nicht die Verpflichtung enthalten, an Kriegsunternehmungen gegen ihr Vaterland teilzunehmen, müssen im Verhältnis zu den Hilfsquellen des Landes stehen, d.h. der Bevölkerung noch Mittel zum Leben lassen[324] und dürfen nur für die Bedürfnisse des Besatzungsheeres gefordert werden. Nicht requiriert werden dürfen daher i.d.R. Luxusgüter und Geld, um die Besatzungstruppen zu bezahlen[325]. Requisitionen, die – wie auch in Slowenien – nur zum Zwecke der eigenen Bereicherung gemacht werden, sind folglich illegal[326].

(c) Zerstörung von Eigentum („Verbrannte Erde")

Soweit es sich nicht um rechtmäßige Requisitionen von Konsumgütern handelt, an denen das Eigentum auf die Besatzungsmacht übergegangen ist, bedeutet Inanspruchnahme von beweglichen Sachgütern und Liegenschaften durch die Besatzungsmacht nicht das Recht zur Zerstörung der in Anspruch genommenen Sache. In aller Regel ergibt sich die Notwendigkeit zur Vernichtung von Vermögenswerten nur in der Kampfzone, und nur dort ist sie i.d.R. auch zulässig[327]. Fraglich ist hingegen, ob die Anwendung des von Deutschland praktizierten Grundsatzes der „verbrannten Erde", d.h. die planmäßige Zerstörung großer Flächen des besetzten Gebietes bei einem Rückzug, um ein Nachdrängen des Feindes zu verzögern, völkerrechtsmäßig ist. Dies ist jedoch unter Berücksichtigung des Prinzips der Verhältnismäßigkeit[328] und des in Art. 46 HLKO manifestierten Verbotes jeder zwecklosen Zerstörung, Verheerung und Verwüstung des feindlichen Landes[329] nicht der Fall.

(d) Requisition von Dienstleistungen

Der Okkupant ist gemäß Art. 52 HLKO berechtigt, von den Bewohnern des besetzten Gebietes Dienstleistungen zu verlangen, die jedoch den Beschränkungen der Art. 23 a.E., 42 – 44 HLKO unterliegen. So darf der Zivilbevölkerung insbesondere nicht die Verpflichtung auferlegt werden, an Kriegsunternehmungen gegen ihr Vaterland teilzunehmen. Streitig war, welche Arbeiten danach von den Einwohnern verlangt

---

323 Stone, International conflicts, S. 709, Fn. 90; Robinson, AJIL 39 (1945), S. 221.
324 Meurer, Kriegsrecht, S. 295.
325 Castrén, Law of War and Neutrality, S. 239.
326 Kunz, Kriegsrecht, S. 101; Robinson, AJIL 39 (1945), S. 219; Castrén, Law of War and Neutrality, S. 238.
327 Castrén, Law of War and Neutrality, S. 229, 235.
328 Von der Heydte, Völkerrecht II, S. 327.
329 Meurer, Kriegsrecht, S. 252.

werden können. Zum einen wurde die Auffassung vertreten, daß Dienstleistungen, die in einem direkten Zusammenhang mit kriegerischen Aktivitäten stehen, z.B. der Bau von Befestigungsanlagen, immer verboten, Arbeiten, die, wie z.b. der Bau von Brücken oder Straßen, der Wiederherstellung und Aufrechterhaltung der öffentlichen Ordnung dienen und lediglich mittelbaren Einfluß auf die Kriegsunternehmungen haben, hingegen erlaubt seien[330]. Weder vom Wortlaut des Art. 52 noch von dessen Stellung in der HLKO gestützt wird hingegen die Ansicht, daß Dienstleistungen jeder Art, die in angemessener Distanz zum Kriegsschauplatz erbracht werden, zulässig sind[331].

(6) Eigentum der Gemeinden
Soweit Deutschland gemeindliches Eigentum beschlagnahmte, unterlag dieses ebenfalls dem Schutzbereich der Art. 52, 53 HLKO. Art. 56 HLKO, der seinem Wortlaut nach Gemeindeeigentum umfassend zu schützen scheint, findet nur Anwendung, wenn es sich um darin aufgezählte Güter handelt. Danach gewährt die HLKO besonderen Schutz den Gegenständen, die besonderen Zwecken (Kunst, Religion, Wissenschaft etc.) dienen, und untersagt ausdrücklich deren Beschlagnahme, absichtliche Zerstörung oder Beschädigung[332]. Diese Ansicht wird von den Protokollen zur Haager Konferenz 1907 gestützt, aus denen sich ergibt, daß den Gemeinden keine Sonderstellung eingeräumt, sondern diese als Eigentümer der genannten Güter lediglich exemplarisch genannt werden sollten[333]. Sofern ihnen militärische Güter gehören, können diese gemäß Art. 53 II HLKO beschlagnahmt werden[334].

Völkerrechtswidrig waren folglich die Zerstörung von Bibliotheken, das Verbrennen von Büchern und die Beschlagnahme sowie der Abtransport von Kunstgegenständen nach Deutschland.

(7) Requisition von Staatseigentum
Der Okkupant kann gemäß Art. 53 Abs. 1 HLKO das ganze bewegliche Eigentum des besetzten Staates, das geeignet ist, den Kriegsunternehmungen zu dienen, ohne eine Verpflichtung zur Entschädigungszahlung einziehen, hat mithin ein Beute-

---

330 Hyde, International Law Vol. III, S. 1902; Kunz, Kriegsrecht, S. 95; siehe auch Stone, International conflicts, S. 710.
331 So Stone, International conflicts, S. 711, mit dem Hinweis, daß Art. 44 HLKO andernfalls überflüssig sei.
332 So Kunz, Kriegsrecht, S. 98.
333 Franklin, AJIL 38 (1944), S. 385 f.
334 Franklin, AJIL 38 (1944), S. 395.

III. Die Ausübung besatzungshoheitlicher Gewalt 71

recht[335]. Der besetzende Staat kann danach das bare Geld, Wertgegenstände, Vorräte und die dem besetzten Staat zustehenden fälligen Forderungen entschädigungslos einziehen. Ausgenommen sind alle Gegenstände, die dem Anwendungsbereich des Art. 56 HLKO unterfallen oder für Kriegszwecke nicht geeignet sind, sowie jene im Staatseigentum befindlichen Werte, die privaten Zwecken gewidmet sind, wie z.B. die Fonds staatlicher Sparkassen[336]. Letzteres ergibt sich aus der Formulierung des Art. 53 HLKO, nach dem nur das Staatseigentum dem Beuterecht unterworfen ist, das dem besetzten Staat gehört, über das er also das freie Verfügungsrecht hat[337].

Liegenschaften des besetzten Staates können hingegen grundsätzlich nicht enteignet und folglich das Eigentum an ihnen vom Okkupanten auch nicht an Dritte übertragen werden[338]. Der Okkupationsmacht obliegt lediglich die Verwaltung „nach den Regeln des Nießbrauchs" (Art. 55 HLKO), d.h. das Recht der Fruchtziehung, das sich aber im Rahmen einer ordentlichen Wirtschaftsführung halten und die ursprüngliche Nutzung unverändert lassen muß[339].

---

335 Castrén, Law of War and Neutrality, S. 231; Verdross, Völkerrecht, S. 466; Kunz, Kriegsrecht, S. 98.
336 Verdross, Völkerrecht, S. 466
337 Castrén, Law of War and Neutrality, S. 232; von der Heydte, Völkerrecht II, S. 324; Verdross, Völkerrecht, S. 466.
338 Von der Heydte, Völkerrecht II, S. 324.
339 Castrén, Law of War and Neutrality, S. 230; Verdross, Völkerrecht, S. 466; von der Heydte, Völkerrecht II, S. 324

IV. Die Widerstandsbewegungen und der Bürgerkrieg

1. Die Formation der Widerstandsgruppen in Jugoslawien und ihre ideologische Ausrichtung

a) Tschetniks[340]

(1) Kampf gegen die Besatzungsmacht im Auftrag der Exilregierung

Bereits im Mai 1941 formierte sich in Serbien und Bosnien der – zunächst noch unorganisierte – Widerstand gegen die Besatzungsmächte, initiiert von jugoslawischen Offizieren, die die Kapitulation der jugoslawischen Armee nicht akzeptierten[341]. Verstärkt wurden diese Gruppen durch Flüchtlinge vor allem aus Kroatien, die vor den Übergriffen der Ustascha[342] flohen. Draža Mihailović, ein ehemals serbischer Oberst in der jugoslawischen Armee, der im November 1941 von der jugoslawischen Exilregierung zum Kriegsminister ernannt wurde, formierte diese Gruppen zu einer einzigen Widerstandsbewegung mit dem serbischen Namen „Tschetniks"[343], die im serbischen Ravna Gora ihr Hauptquartier hatte und einen Bestandteil der jugoslawischen Armee bilden sollte.

Die Tschetniks kämpften bis zum Ende des Jahres 1943. Ihre Strategie im Kampf gegen die Deutschen war es nicht, vereinzelte Aktionen, z.B. Attentate auf deutsche Soldaten zu verüben, die Repressalien gegen die Zivilbevölkerung zur Folge hatten, sondern deutsche Truppen im Kampf zu binden[344]. Nach Meinung alliierter Berichterstatter war diese Art des Kampfes sehr effektiv und hatte zumindest in den ersten Monaten der Besetzung, d.h. bis etwa Mitte des Jahres 1941, zur Folge, daß die Tschetniks weite Teile Serbiens, Bosniens und Montenegros kontrollierten[345].

---

340 Ursprünglich die Bezeichnung für Freischärler, die sich in der 2. Hälfte des 19. Jahrhunderts zum Schutz der serbischen Bevölkerung in Mazedonien gegen die Türken zusammenschlossen. Im Ersten Weltkrieg kämpften sie gegen die damaligen Besatzungsmächte, während sie sich in der Zwischenkriegszeit als Traditionsverein und dörfliche Miliz verstanden.
341 Zalar, Yugoslav communism, S. 80.
342 Von ustasa = Aufstand. Radikale kroatische Organisation, entstanden nach der Errichtung der Königsdiktatur.
343 Auch „Jugoslawische Armee in der Heimat – JVvD".
344 Zalar, Yugoslav communism, S. 81.
345 Zalar, Yugoslav communism, S. 80.

(2) Staatspolitische Zielsetzung

Ziel der Tschetniks war die Wiederherstellung des jugoslawischen Königreiches bzw. die Gründung eines Pan-Serbischen Staates. Da Mihailović aus diesem Grunde weder von den Slowenen noch der restlichen nicht-serbischen Bevölkerung in ausreichendem Maße unterstützt wurde, änderte er seine Politik und verpflichtete sich Jänner 1944 auf dem Kongreß von Ba zur Gründung eines föderalen Staates und besetzte Führungsposten innerhalb seiner Organisation mit weniger serbisch-national gesinnten Politikern. Zugleich strebte er eine Koalition mit der kroatischen Bauernpartei an, die jedoch nicht zuletzt an der fehlenden Unterstützung der Alliierten scheiterte, die sich zu diesem Zeitpunkt bereits zur Unterstützung der kommunistischen Partisanen unter Tito entschieden hatten[346].

(3) Die Tschetniks in Slowenien

Bevollmächtigter der Tschetniks in Slowenien war der ehemalige jugoslawische Major Karel Novak. Dieser begann spät, erst im Mai 1942, mit dem Aufbau militärischer Einheiten in Slowenien, die im Gebiet zwischen Novo Mesto und Gorjanci stationiert waren. Wegen seines dominanten Führungsstiles und mangelnder Kooperation mit den in Slowenien maßgeblichen politischen Gremien und Institutionen schlossen sich jedoch nur wenige Slowenen der „Jugoslawischen Armee in der Heimat" an, so daß diese effektiven Widerstand gegen die Besatzungsmächte nicht zu leisten im Stande war[347].

In der Folgezeit erlangte der Kampf gegen die Kommunisten für Novak Vorrang vor der Bekämpfung der Besatzungsmächte, mit der Folge, daß er auch vor einer Zusammenarbeit mit den Italienern nicht zurückschreckte. Das von Novak aufgestellte „Steirische Bataillon" (das auch unter dem Begriff „weiße Tschetniks" bekannt war) arbeitete bereits kurz nach seiner Gründung mit den Italienern im Kampf gegen die Kommunisten zusammen, den es bis zum Kriegsende fortsetzte. Von den Italienern wurde das Bataillon – das sich mittlerweile in Todeslegion umbenannt hatte – „Milizia volontaria anticommunista" (MVAC) genannt[348] und mit Waffen und Lebensmitteln beliefert. Weiter erlaubten die Italiener das offene Tragen von Waffen und ließen gefangene Tschetniks frei. Erst nach der italienischen Kapitulation engagierten sich die Tschetniks im Kampf gegen die deutsche Besatzungsmacht. Am 20. September 1943 trat Novak von seinem Amt zurück. Vorangegangen war die Niederlage von Grčarice, bei der die Partisanenarmee 171 Tschetniks gefangen genommen

---

346 Zalar, Yugoslav communism, S. 81 f.
347 Griesser-Pečar, Das zerrissene Volk, S. 227 ff.
348 Griesser-Pečar, Das zerrissene Volk, S. 232 ff.

IV. Die Widerstandsbewegungen und der Bürgerkrieg 75

hatte. Zusammen mit Gefangenen aus Turjak wurde einigen von ihnen später der erste kommunistische Schauprozeß gemacht[349].

Die verschiedenen slowenischen Regimenter, die sich nach diesem Zeitpunkt gebildet hatten[350], erlitten nach Kriegsende unterschiedliche Schicksale. Während einem Teil von ihnen die Flucht nach Italien gelang[351], wurden viele von den Briten an die Partisanen ausgeliefert.

b) Antiimperialistische Front / Befreiungsfront

Die der Befreiungsfront angehörigen Partisanen hatten unter Führung von Josip Broz Tito nach dem Angriff der Deutschen auf die Sowjetunion ihren Kampf gegen die Besatzungsmächte mit dem Ziel begonnen, nach Kriegsende einen kommunistischen Staat zu errichten.

(1) Entstehung

Die „Dachorganisation" der Widerstandskämpfer in Slowenien, die „Befreiungsfront" (Osvobodilna fronta – OF), war – aus der „Antiimperialistischen Front" hervorgehend – auf Veranlassung der Kommunistischen Partei Sloweniens Ende April 1941 in Slowenien gegründet worden[352]. Die Situation in Slowenien unterschied sich zu diesem Zeitpunkt deutlich von der der anderen Landesteile. Während Serbien und Kroatien weitgehend als homogene Einheiten erhalten geblieben waren, war Slowenien unter den Besatzungsmächten aufgeteilt worden. Auch in der Frage der Beibehaltung des Königreichs Jugoslawien und in der Pflege der Kontakte zur Londoner Exilregierung waren sich die Slowenen nicht einig. Die bürgerlichen Parteien und Kreise wollten die Frage der Wiederherstellung des Königreiches der Nachkriegszeit überlassen. Im September/Oktober 1941 führten Vertreter der traditionel-

---

349 Griesser-Pečar, Das zerrissene Volk, S. 242 f. Insgesamt 21 ausgewählten Gefangenen aus Grčarice und aus Turjak wurde der Schauprozeß gemacht, der am 11. Oktober 1945 mit 16 Todesurteilen und 4 Verurteilungen zur Zwangsarbeit endete. Der Rest der Gefangenen wurde durch Schnellverfahren hinter den Kulissen abgeteilt; viele wurden liquidiert.
350 Oberkrainer-Regiment, Innerkrainer- Regiment, Steirische Tschetniks, Küstenregiment, Isonzo – Regiment, vgl. Griesser-Pečar, Das zerrissene Volk, S. 234, 244 f.
351 Die meisten Tschetniks konnten sich retten. Nach Viktring und von da zurück nach Jugoslawien gingen 115 Tschetniks von Melaher sowie einige Soldaten aus den Truppen von Marn, außerdem das Oberkrainer-Regiment. Das Innerkrainer-Regiment und das Isonzo-Regiment gingen über den Isonzo nach Italien – zusammen mit serbischen Tschetniks und einem Teil der kroatischen Domobranci.

len Parteien Gespräche, die – unter Einbeziehung der Exilregierung – in den sog. „Londoner Punkten" ihren Abschluß fanden. In sieben Programmpunkten wurde die künftige politische Gestaltung auf dem Balkan angesprochen: 1. Wiederherstellung des Königreichs Jugoslawien, 2. Herstellung eines freien Slowenien als selbständiger und gegenüber allen anderen jugoslawischen Ländern gleichberechtigter Partner, 3. Mitwirkung aller beteiligten Länder bei der Festlegung der inneren Struktur des Königreichs, 4. Regelung gemeinsamer Angelegenheiten wie z.B. Außen- und Verteidigungspolitik sowie die Festlegung allgemeiner Richtlinien für das staatliche Zusammenleben, 5. Gestaltung Jugoslawiens als einheitliches Wirtschaftsgebiet mit einem demokratischen und sozialen Staats- und Regierungssystem, 6. Bemühen um eine Union mit Bulgarien und 7. Jugoslawien als Rückgrat einer künftigen Balkan-Union[353].

Einig waren sich die Slowenen in ihrem politischen Kampf gegen die Besatzungsmächte. Dies nutzten die Kommunisten aus, indem sie eine Widerstandsbewegung gründeten, in die sie zunächst auch bürgerliche Kräfte einbanden, die sie aber – nach außen auf den ersten Blick nicht ersichtlich – dominierten[354].

Hatte sich die Agitation der Anti-imperialistischen Front zur Zeit des Hitler-Stalin-Paktes ihrem Namen entsprechend gegen die imperialistischen Mächte gerichtet, wurde die Organisation nach dem Angriff der Deutschen auf die Sowjetunion in „Befreiungsfront" umbenannt und zugleich die Partisanenarmee gegründet. Beide nahmen für sich in Anspruch, die einzig legitimen Vertreter des slowenischen Volkes zu sein, erkannten andere Widerstandsgruppen nicht an und bestraften jegliche von der Zivilbevölkerung gewährte Unterstützung.

(2) VOS und OZNA
Das Exekutionsorgan der Kommunisten in Slowenien war der im August 1941 vom Politbüro der Slowenischen Kommunistischen Partei gegründete Sicherheits- und Nachrichtendienst VOS (Varnostnoobveščevalna služba). Dieser hatte die Aufgabe, tatsächliche und mutmaßliche Kollaborateure sowie Gegner der kommunistischen Organisationen zu liquidieren, alle maßgeblichen slowenischen gesellschaftlichen

---

352 Griesser-Pečar, Das zerrissene Volk, S. 127 f.
353 Griesser-Pečar, Das zerrissene Volk, S. 75 f.
354 Griesser-Pečar, Das zerrissene Volk, S. 133; Zalar, Yugoslav communism, S. 91, geht irrtümlich davon aus, daß die Kommunisten eine Organisation, die bürgerlich organisierte „Befreiungsfront", unterwandert und schließlich dominiert hätten; Griesser-Pečar, Das zerrissene Volk, S. 127 ff., belegt schlüssig, daß die „Befreiungsfront" eine kommunistische Gründung war; die Kommunisten bedienten sich einiger anderer Gruppierungen, die sie schließlich ausschalteten.

IV. Die Widerstandsbewegungen und der Bürgerkrieg   77

Organisationen und die Einrichtungen der Besatzungsmächte zu unterwandern und bei der Zivilbevölkerung Güter für die Partisanen zu beschlagnahmen.

Der VOS, in dessen Dienst ausschließlich Kommunisten standen, war in drei Bereiche gegliedert: den allgemeinen Nachrichtendienst[355], den Spezialnachrichtendienst[356] und den Sicherheits- und Schutzdienst, dem als Exekutive des VOS die Hinrichtung politischer Gegner und die Durchführung von Sabotageakten oblag[357].

Insbesondere die Aktivität des Sicherheits- und Schutzdienstes nahm im Laufe der Zeit Ausmaße an, die auch von führenden Kommunisten kritisiert wurden. Politische oder persönliche Gegner wurden unter dem Vorwurf des Verrates am Volk bzw. der Kollaboration mit dem Feind liquidiert, wobei man auch vor prominenten Slowenen wie dem ehemaligen Banus Dr. Marko Natlačen, der am 13. Oktober 1942[358], und Dr. Lambert Ehrlich[359], der am 26. Mai 1942 erschossen wurde, nicht Halt machte. Die Kommunisten ermordeten bekannte Persönlichkeiten, wie beispielsweise den Ingenieur Fanouš Emmer (4. Dezember 1941), den Industriellen Avgust Praprotnik (20. Februar 1942), den katholischen Studentenfunktionär Jaroslav Kikelj (18. März 1942) und den Pfarrer Hubert Leiler (21. März 1942)[360].

Im Mai 1944 begannen die Kommunisten, sich auf die Machtübernahme in ganz Jugoslawien vorzubereiten. Aus diesem Grund lösten sie den VOS mit 19.2.1944 auf und gründeten als seine jugoslawienweit arbeitende Nachfolgeorganisation die Abteilung für den Schutz des Volkes, OZNA[361], eine paramilitärische Organisation, deren Einsatzbereich sich sowohl auf das Ausland und als auch auf das gesamte Inland erstreckte. Der OZNA war streng zentralistisch organisiert und hatte die Erfassung und Bekämpfung des inneren Feindes zur Aufgabe[362].

Am 19. Juli 1944 wurden die Befugnisse der OZNA mit dem „Beschluß über die außerordentlichen Maßnahmen gegen die Helfer der Okkupatoren, Domobranci und Verräter" erweitert. Der OZNA durfte nun zu Gegnern des Kommunismus erklärte Bürger und deren Familien aus den von ihnen bewohnten Dörfern ausweisen und ihr

---

355 Der mit der Beobachtung des Okkupators und seiner tatsächlichen und angeblichen Helfer befaßt war, Griesser-Pečar, Das zerrissene Volk, S. 385.
356 Der gegnerische Organisationen infiltrieren und unterhöhlen sollte, Griesser-Pečar, Das zerrissene Volk, S. 386.
357 Griesser-Pečar, Das zerrissene Volk, S. 386 f.
358 Griesser-Pečar, Das zerrissene Volk, S. 403 ff.
359 Griesser-Pečar, Das zerrissene Volk, S. 399 ff.
360 Griesser-Pečar, Das zerrissene Volk, S. 199.
361 Oddelek za zaščito naroda .
362 Griesser-Pečar, Das zerrissene Volk, S. 412 f.

Vermögen einziehen[363]. Ab März 1945 besetzten Angehörige der OZNA Positionen in den vormals gegnerischen Sicherheits- und Polizeikräften und begannen mit der Liquidierung aller Gegner sowie der Verfolgung politischer Straftaten[364]. Zuvor hatte das oberste Gremium der OF, der „Slowenische Nationale Befreiungsausschuß", alle gegen die Okkupationsmächte gerichteten Aktivitäten außerhalb der Befreiungsfront für verboten erklärt. Zur Finanzierung des Partisanenkampfes erhob der Befreiungsausschuß mit Verordnung vom 16. September 1941 eine Volkssteuer und erließ ein „Schutzgesetz"[365], das „Verrat" mit der Todesstrafe und Vermögensentzug bestrafte. Ein Verräter war danach jeder, der mit der Besatzungsmacht oder „anderen Feinden des slowenischen Volkes" zusammenarbeitete oder aus der Volksbefreiungsbewegung austrat. Unerheblich war, ob die Zusammenarbeit mit der Besatzungsmacht auf deren Druck oder freiwillig erfolgte. „Gerichtsverhandlungen" fanden nach § VII des Schutzgesetzes geheim und ohne vorherige Vernehmung des Beschuldigten statt. Gegen ein Urteil waren keine Rechtsmittel möglich, die Strafe wurde sofort vollstreckt[366].

(3) Verhältnis zur Exilregierung
Der jugoslawischen Exilregierung versagten die Kommunisten die Anerkennung; deren Beschlüsse lehnten sie als illegal ab und versagten ihr das Recht, als Vertreter des jugoslawischen Volkes aufzutreten[367]. Diese Haltung wurde durch Beschluß des am 17. November 1942 gegründeten „Antifaschistischen Rates der Volksbefreiung Jugoslawiens" (AVNOJ)[368] bestätigt. König Peter wurde die Rückkehr nach Jugoslawien verboten und alle von der Regierung abgeschlossenen internationalen Verträge wurden für nichtig erklärt[369].

---

363 Griesser-Pečar, Das zerrissene Volk, S. 414.
364 Diese Säuberungsaktionen setzten sich bis in die Nachkriegszeit hinein fort und richteten sich nicht nur gegen politisch Andersdenkende, sondern auch gegen die katholische Kirche, Griesser-Pečar, Das zerrissene Volk, S. 423 f.
365 Das bis zum 30. August 1944 galt, Griesser-Pečar, Das zerrissene Volk, S. 145.
366 Griesser-Pečar, Das zerrissene Volk, S. 141 ff.
367 Griesser-Pečar, Das zerrissene Volk, S. 165 f.
368 Antifašističko veće narodnog oslobođenja Jugoslavije – das aufgrund der Konferenz von Jajce 1943 gebildete höchste Exekutiv- und zugleich Gesetzgebungsorgan, Griesser-Pečar, Das zerrissene Volk, S. 169.
369 Griesser-Pečar, Das zerrissene Volk, S. 169; siehe auch unten, Teil B Kap. IV 1.

IV. Die Widerstandsbewegungen und der Bürgerkrieg

(4) Maßnahmen zur Machtübernahme im wiederzuerrichtenden jugoslawischen Staat

Im Jahr 1944 begannen die Kommunisten in der Erwartung, von den Alliierten als legitime Regierung anerkannt zu werden, mit der Bildung örtlicher Strukturen für einen künftigen Staat unter kommunistischer Herrschaft. Am 19. August 1944 wurde innerhalb des Slowenischen Volksbefreiungsrates eine Justizabteilung gegründet und mit dem Aufbau einer zivilen Justiz begonnen, obwohl zu diesem Zeitpunkt – mit Ausnahme von Weißkrain, das ab November 1943 dauerhaft unter kommunistischer Kontrolle war – in Slowenien keine größeren, dauerhaft unter kommunistischer Herrschaft befindlichen Gebiete existierten[370].

Wo immer es möglich war, organisierten die Kommunisten sog. "terrain workers", die die Aufgabe hatten, hinter der Front Informationen zu sammeln und bei der Zivilbevölkerung Kriegsanleihen und Steuern einzutreiben. Hatten sich die Besatzungsmächte aus einer Ortschaft zurückgezogen, wurde ein Nationales Befreiungskomitee nach sowjetischem Muster gegründet, das die erste zivile Organisation der Kommunisten und die Basis für eine revolutionäre Regierung bildete[371]. Die Nationalen Befreiungskomitees wurden im Laufe der Zeit auf alle Ebenen (Bezirk, Stadt etc.) erweitert und übernahmen die Aufgaben der örtlichen Verwaltung.

c) Slowenische Widerstandsbewegungen

In Slowenien agierten diverse Widerstandsgruppen mit unterschiedlichem gesellschaftspolitischem Hintergrund und unterschiedlichen Zielsetzungen. Neben den beiden bekanntesten und in Gesamt-Jugoslawien operierenden Organisationen der Tschetniks unter General Mihailović und den Partisanen unter Tito waren dies die auf Slowenien konzentrierten sog. Legionen. Ziel dieser Legionen war es, örtliche Widerstandsgruppen zu etablieren, die die westlichen Alliierten im Falle ihres Einmarsches in das Land unterstützen und mit diesen gegen die Besatzungsmächte kämpfen sollten. Bis zu diesem Zeitpunkt betrachteten sie es als ihre Hauptaufgabe, in den einzelnen Gemeinden die öffentliche Sicherheit und Ordnung und den Schutz der Zivilbevölkerung vor Angriffen der Kommunisten zu gewährleisten.

---

370 Griesser-Pečar, Das zerrissene Volk, S. 431 f.
371 Zalar, Yugoslav communism, S. 95.

(1) Legionen

Am 29. Mai 1941 gründete die Slowenische Volkspartei in Ljubljana die „Slowenische Legion" (SL), die mit ca. 2.000 Mitgliedern im Juli 1942 die größte der slowenischen Widerstandsgruppen war. In der Folgezeit entstanden die von den Liberalen gegründete „Legion Sokol", die zwischen 600 und 800 Mitglieder hatte, die zwischen Herbst 1941 und Frühjahr 1942 existierende, von Akademikern dominierte „Slowenische Nationale Bewegung" und der „Akademische Klub Straza". Während die Slowenische Legion die Befreiung Sloweniens anstrebte, ging es der Legion Sokol um die Wiederherstellung Jugoslawiens. Nicht zuletzt auf Druck der Exilregierung, die einzig die Tschetniks unter Mihailović als reguläre jugoslawische Armee anerkannte und alle wehrfähigen Männer aufforderte, sich dem Befehl Mihailovićs unterzuordnen[372], schlossen sich die Legionen der sog. „Jugoslawischen Armee in der Heimat" an. Da es mit dem Befehlshaber der slowenischen Einheiten, Karel Novak, jedoch zu weitreichenden Konflikten kam, verließen viele Legionäre die Armee und traten den gerade in der Entstehung begriffenen Ortswehren bei, die sich dem Schutz der Zivilbevölkerung und dem Kampf gegen die Kommunisten verpflichtet fühlten.

(2) Ortswehren

Diese Ortswehren waren Resultat der sich ständig verschärfenden, von einem wachsenden innerstaatlichen Konflikt gekennzeichneten Situation. Im Frühjahr 1942 erreichten die Übergriffe der Partisanen und des VOS auf die Zivilbevölkerung ihren vorläufigen Höhepunkt. Vor allem in Ljubljana versuchte der VOS, die Bürger durch Terrorakte zu einer Zusammenarbeit mit den Partisanen zu zwingen. Vieh und Lebensmittel wurden requiriert, z.T. ganze Familien, die der Kollaboration mit der Besatzungsmacht verdächtigt wurden, getötet und Dörfer niedergebrannt[373]. Da sich die italienische Armee bis zu ihrer Kapitulation am 8. September 1943 sukzessive aus den besetzten Gebieten zurückzog und Polizei zum Schutz der Zivilbevölkerung nicht in ausreichendem Maße vorhanden war, bildete die Zivilbevölkerung, mit ausdrücklicher Billigung Draža Mihailovićs, als Reaktion auf diese Übergriffe „Ortswehren"[374].

Nachdem am 17. Juli 1942 die erste Ortswehr in St. Jost, einer Gemeinde westlich von Ljubljana, gegründet worden war, existierten bereits ein Jahr später, im Sommer 1943, in 47 Ortschaften Ortswehren mit einer Gesamtmitgliederzahl von

---

372 Griesser-Pečar, Das zerrissene Volk, S. 213.
373 Griesser-Pečar, Das zerrissene Volk, S. 258 f.
374 Griesser-Pečar, Das zerrissene Volk, S. 259.

IV. Die Widerstandsbewegungen und der Bürgerkrieg   81

insgesamt rd. 6.000 Mann[375], darunter auch zahlreiche Angehörige der slowenischen Legionen, die die „Jugoslawische Armee in der Heimat" verlassen hatten. Die Italiener – die ihre Position durch die Auseinandersetzungen in der Bevölkerung gesichert sahen – unterstützten die Ortswehren, indem sie diesen leichte Waffen zur Verfügung stellten[376].

Nach der italienischen Kapitulation am 8. September 1943 lösten sich die Ortswehren vielerorts auf[377]. Viele ihrer Mitglieder konzentrierten sich in Turjak, wo ein Großteil von ihnen nach Kämpfen mit Partisaneneinheiten besiegt wurde; in Gottschee machten die Kommunisten einigen von ihnen zusammen mit Gefangenen aus Grčarice den Prozeß[378]. Eine weitere Gruppe Ortswehrangehöriger unter Führung von Vuk Rupnik floh zunächst nach Novo Mesto. Nach Verhandlungen des italienischen Generals Guido Cerutti mit den Partisanenführern durften sie Novo Mesto verlassen[379] und schlossen sich sodann größtenteils der Landeswehr an.

(3) Landeswehr
Die slowenische Landeswehr[380] wurde nach der italienischen Kapitulation und auf Initiative des Gauleiters für das Adriatische Küstenland, Friedrich Rainer, gegründet. Bei der Landeswehr, die wie schon die Ortswehren eine Reaktion auf die Übergriffe der Partisanen darstellte und im Herbst 1944 ca. 13.500 Mitglieder hatte, handelte es sich um eine Nachfolgeorganisation der Ortswehren. Rechtliche Grundlage war die „Verordnung über die Aufstellung landeseigener Selbstschutzverbände Operationszone Adriatisches Küstenland" vom 6. Dezember 1943, die rückwirkend zum 1. Oktober 1943 in Kraft trat und den Aufgabenbereich der Landeswehr auf die Aufrechterhaltung der öffentlichen Sicherheit und Ordnung, also Polizeidienst, konzentrierte[381]. Der Dienst in der Landeswehr, der neben Mitgliedern der aufgelösten Ortswehren auch Angehörige der Legionen beitraten, galt nach deutschem Recht als Kriegsdienst unter der Befehlsgewalt der deutschen Polizei. Die Truppe hatte eine eigene Fahne, Dienstabzeichen und ein Wappen. Am 20. April 1944 fand auf Druck der Deutschen[382] eine öffentliche Vereidigung statt, bei der die Anwesenden folgen-

---

375 Griesser-Pečar, Das zerrissene Volk, S. 263.
376 Griesser-Pečar, Das zerrissene Volk, S. 265.
377 Die Ortswehren gingen anschließend in der Slowenischen Nationalen Armee auf.
378 Griesser-Pečar, Das zerrissene Volk, S. 268 ff.
379 Griesser-Pečar, Das zerrissene Volk, S. 272.
380 DMB – Slovensko domobranstvo.
381 Griesser-Pečar, Das zerrissene Volk, S. 302.
382 Griesser-Pečar, Das zerrissene Volk, S. 310.

den Eid schworen, der das Resultat und der Kompromiß vorangegangener Verhandlungen zwischen Slowenen und Deutschen war[383]:

> „Ich schwöre beim Allmächtigen, daß ich zusammen mit der bewaffneten deutschen Wehrmacht, die unter dem Befehl des Führers Großdeutschlands steht, mit den SS-Truppen und der Polizei im Kampf gegen die Banditen und den Kommunismus sowie seine Verbündeten meine Pflichten erfüllen werde für die slowenische Heimat als Teil des freien Europa. Für diesen Kampf bin ich bereit, mein Leben hinzugeben."[384]

d) Exkurs: Zusammenarbeit mit den Besatzungsmächten anhand der Beispiele General Leon Rupnik und Dr. Lovro Hacin

Auch in Slowenien gab es während des Kriegs Menschen, die sich mit den Zielen der Besatzungsmächte identifizierten und mit diesen in größerem Umfang als zur Aufrechterhaltung der öffentlichen Sicherheit und Ordnung unbedingt notwendig zusammenarbeiteten[385], die also als Täter und nicht als Opfer einzustufen sind.

(1) General Leon Rupnik
Einer dieser Menschen war General Leon Rupnik. Vom 6. Juni 1942 an war Rupnik unter italienischer Besatzung Bürgermeister von Ljubljana und wurde im Anschluß daran von den deutschen Besatzern zum Präsidenten der Provinz Laibach ernannt[386]. Bereits früh hatte er – als überzeugter Anti-Kommunist – seine Sympathien für den Nationalsozialismus bekundet und noch am 29. Juni 1944 Hitler auf einer anti-kommunistischen Kundgebung gerühmt und gegen Judentum und Bolschewismus gehetzt[387]. Unerreicht blieb sein Ziel, in Slowenien eine der NSDAP in Struktur und Programm ähnelnde Partei aufzubauen, die in einem vereinigten und am Deutschen Reich orientierten Slowenien regieren sollte[388]. Auf Rupniks Initiative gingen so-

---

383 Griesser-Pečar, Das zerrissene Volk, S. 313 ff.
384 Griesser-Pečar, Das zerrissene Volk S. 310; Suppan, Zwischen Adria und Karawanken, S. 413.
385 Historiker bezeichnen diese Zusammenarbeit, die eine zumindest teilweise Identifizierung mit den Grundsätzen und Zielen der Besatzungsmacht voraussetzt, als „bedingungslose" bzw. „bedingte" Kollaboration. Im Gegensatz dazu soll die „funktionelle Kollaboration", d.h. eine Zusammenarbeit mit der Besatzungsmacht, die lediglich der Verwirklichung eigener Ziele dienen soll, stehen.
386 Griesser-Pečar, Das zerrissene Volk, S. 83, 86 ff.
387 Griesser-Pečar, Das zerrissene Volk, S. 84.
388 Griesser-Pečar, Das zerrissene Volk, S. 91 f.

IV. Die Widerstandsbewegungen und der Bürgerkrieg   83

wohl die Gründung einer anti-kommunistischen slowenischen Miliz, in der ehemalige slowenische Soldaten unter italienischem Befehl dienten, als auch die Gründung der Slowenischen Landeswehr zurück[389]. Die Zusammenarbeit mit der deutschen Besatzungsmacht umfaßte darüber hinaus alle Bereiche des täglichen Lebens, so die Umgestaltung der Verwaltung und die Zensur der Presse. Am 5. Mai 1945 verließ Rupnik Slowenien, wurde aber am 2. Juni 1946 von den Alliierten an Jugoslawien ausgeliefert und am 30. August 1946, nach nur neun Verhandlungstagen, von einem Militärgericht zum Tod durch Erschießen verurteilt.

(2) Dr. Lovro Hacin
Auch Dr. Lovro Hacin, von 1939 bis 1941 Chef der Polizei in Ljubljana, arbeitete eng mit den Deutschen und den Italienern zusammen. Wie Rupnik war er ein überzeugter Gegner des Kommunismus und leitete während seiner Amtszeit, mit dem Ziel, kommunistische Organisationen zu zerschlagen, alle verfügbaren Informationen über ihre Mitglieder und geplante Aktionen an die Besatzungsmächte weiter. Am 22. September 1943 wurde Hacin auf Empfehlung Leon Rupniks von den Deutschen zum Polizeidirektor des Polizeisicherheitskorps ernannt, als der er letztlich der Befehlsgewalt der SS unterstellt war. Unter seiner Ägide bildete sich ein polizeiliches System heraus, das unter dem Vorwand, die Kommunisten zu bekämpfen, nicht nur zu Korruption, sondern auch dazu führte, daß Beamte der politischen Polizei Gefangene folterten, zu Zwangsarbeit abkommandierten oder in Konzentrationslager sperrten[390]. Im Jahr 1946 wurde er, nachdem er zuvor an Jugoslawien ausgeliefert worden war, zusammen mit Leon Rupnik zum Tod durch den Strang verurteilt[391].

e) Die Haltung der Kirche in Slowenien zu den Besatzungsmächten

Besonderer Erwähnung bedarf die Stellung der katholischen Kirche in Slowenien. In Slowenien gab es zwei Bistümer: das in der deutsche Besatzungszone liegende Bistum Maribor, in dem gleich zu Beginn der deutschen Besatzung alle Priester ausgesiedelt wurden, und das Bistum Laibach, das je zur Hälfte von Italienern und Deutschen kontrolliert wurde. Auch in der katholischen Kirche gab es nicht wenige Geistliche, die sich entweder verbal gegen die Besatzungsmächte wandten oder aber als vom Bischof – nach Rücksprache mit dem Vatikan – ernannte Militärgeistliche auf

---

389 Griesser-Pečar, Das zerrissene Volk, S. 87, 90.
390 Griesser-Pečar, Das zerrissene Volk, S. 290 f.
391 Griesser-Pečar, Das zerrissene Volk, S. 287.

bürgerlicher oder kommunistischer Seite am bewaffneten Kampf gegen die Besatzungsmächte teilnahmen.

(1) Bischof Rožman

Eine der zentralen Figuren der slowenischen katholischen Kirche während des Zweiten Weltkriegs war Bischof Rožman, der am 21. August 1946 in Abwesenheit[392] von den Kommunisten wegen Verrates am Volk und Kollaboration mit dem Feind zu 18 Jahren Gefängnis mit Zwangsarbeit, zum Verlust aller politischen und staatsbürgerlichen Rechte für die Dauer von zehn Jahren und zur Beschlagnahme seines gesamten Vermögens verurteilt wurde. Während der gesamten italienischen Besatzung intervenierte Bischof Rožman bei den Italienern für seine Landsleute. Um seine Einflußmöglichkeiten nicht mutwillig zu minimieren, unterließ er alles, was die Besatzungsmacht gegen ihn und seine Landleute hätte aufbringen und ihre Lebensbedingungen hätte verschlechtern können. In diesem Sinne wies er die Priester in einem im Oktober 1941 veröffentlichen Hirtenbrief an, Ruhe und Ordnung im Land aufrechtzuerhalten und nichts zu tun, was die Besatzungsmacht zu einem härteren Vorgehen gegen die Slowenen veranlassen könnte[393].

Dem Schutz der Bevölkerung diente auch eine am 12. September 1942 im bischöflichen Palais abgehaltene Konferenz slowenischer, nicht-kommunistischer Politiker. Wegen der sich häufenden Übergriffe sowohl der Partisanen als auch der „bürgerlichen" Widerstandskämpfer hatten die Italiener mit Repressalien der Bevölkerung gegenüber gedroht, die u.a. die zwangsweise Aussiedlung ganzer Gegenden zur Folge gehabt hätten. Ergebnis dieser Konferenz war, daß ihre Teilnehmer den Italienern eine Zusammenarbeit zum Zwecke der Aufrechterhaltung der öffentlichen Ordnung anboten und die Gründung einer slowenischen Polizei anregten[394].

Nach 1945 wurde Rožman von den Kommunisten, die während des Kriegs seine Unterstützung gesucht hatten, der Vorwurf der Kollaboration gemacht. Dieser wurde zum einen mit einer angeblich vom Bischof stammenden, tatsächlich aber von den Italienern nachträglich abgeänderten Loyalitätserklärung begründet. Diese auf Druck der Italiener im Mai 1941 veröffentlichte Erklärung hatte ursprünglich Rožmans Zusicherung zum Inhalt gehabt, nicht gegen die Italiener aktiv werden zu wollen, war von diesen aber dahin verändert worden, daß der Bischof der Besatzungsmacht die Zusammenarbeit anbot[395]. Vorgehalten wurde dem Bischof des weiteren seine Teil-

---

392 Er befand sich in Österreich.
393 Griesser-Pečar, Das zerrissene Volk, S. 179.
394 Griesser-Pečar, Das zerrissene Volk, S. 192 f.
395 Griesser-Pečar, Das zerrissene Volk, S. 183 f.

nahme an der zentralen Vereidigung der Landeswehr, anläßlich derer er einen Gottesdienst abgehalten hatte[396].

(2) Prof. Dr. Lambert Ehrlich
Ein weiterer Kritiker des italienischen Besatzungsregimes war der am 26. Mai 1942 vom kommunistischen Sicherheitsdienst VOS getötete Theologieprofessor Dr. Lambert Ehrlich. Dieser hatte am 1. April 1942 in einer Denkschrift an die Italiener ebenfalls deren Maßnahmen gegenüber der Zivilbevölkerung beanstandet und zu deren Schutz die Zulassung der slowenischen Polizei sowie die Gründung eines autonomen Sicherheitsdienstes in Form von Bürger- bzw. Volkswehren empfohlen[397].

2. Der Paradigmenwechsel der Alliierten in ihrer Einstellung zur Exilregierung und den Widerstandsgruppen im Verlauf des Zweiten Weltkriegs

a) Erscheinungsbild der Exilregierung

Die jugoslawische Exilregierung war bei den Alliierten bis 1942 unabhängig von der innenpolitischen Lage als einzige Vertreterin ihres Landes anerkannt, und Mihailović als Kriegsminister erhielt ihre Unterstützung. Als herrschte kein Krieg, war die Regierung jedoch nicht damit beschäftigt, den jugoslawischen Widerstand gegen die Besatzungsmächte zu organisieren und zu koordinieren, sondern verfolgten die einzelnen Regierungsmitglieder auch im Exil weiter ihre nationalen Interessen, mit der Folge, daß effektive Regierungspolitik nicht gemacht wurde, die Regierung vielmehr von einer Krise in die andere stürzte. Auch dem noch jungen und unerfahrenen König gelang es nicht, Einfluß zu nehmen, so daß die Politik der Exilregierung von einer Gruppe Offiziere bestimmt wurde, die – anti-demokratisch und anti-föderalistisch eingestellt – Draža Mihailović für ihre Ziele einsetzte und ihn nur unzureichend unterstützte. Auch nach einer entsprechenden Aufforderung durch die Briten war die Exilregierung nicht in der Lage, ihre eigentlichen Aufgaben wahrzunehmen und die Kriegsziele der Jugoslawen zu definieren bzw. sich auf die Grundzüge der jugoslawischen Nachkriegsordnung festzulegen[398].

---

396 Griesser-Pečar, Das zerrissene Volk, S. 196.
397 Griesser-Pečar, Das zerrissene Volk, S. 197 ff.
398 Zalar, Yugoslav communism, S. 76 f.

b) Stimmungsumschwung in London

Wegen dieses schlechten Erscheinungsbildes der Regierung und der mangelnden Effektivität ihrer Arbeit wandte sich Churchill von der Exilregierung ab und den Kommunisten zu, ohne Rücksicht darauf zu nehmen, daß diese nach Kriegsende aller Wahrscheinlichkeit nach ein kommunistisches Regime errichten würden[399]. Im Gegensatz zu Mihailović waren die Kommunisten über die Geschehnisse in London durch Mittelsmänner bestens informiert und hatten in Kenntnis von Churchills Wünschen immer betont, ein vereintes Jugoslawien anzustreben. Zudem hatten sie ihre Dominanz im Widerstand abgeschwächt, indem sie die Zusammenarbeit mit den bürgerlichen Kräften betonten. Sich in London aufhaltende Anhänger der Kommunisten lancierten in den Medien Fehlinformationen zugunsten der Partisanen, in denen sie angebliche militärische Leistungen der Partisanen betonten und die Leistungen der Tschetniks herabsetzten oder gar nicht erwähnten. In Folge dieser Fehlinformationen beschlossen Roosevelt, Churchill und Stalin auf der Konferenz von Teheran im November 1943, die Partisanen künftig in größtmöglichem Umfang zu unterstützen[400]. Am 22. Februar 1944 versagte Churchill General Mihailović offiziell jede weitere britische Unterstützung und veranlaßte König Peter, Mihailović als Kriegsminister zu entlassen[401].

c) Zusammenarbeit mit Tito

Seit dem Frühsommer 1944 bemühte sich Churchill verstärkt um eine Übereinkunft zwischen der in sich zerstrittenen Exilregierung und der provisorischen Regierung in Jugoslawien. Nach der Ernennung von Dr. Ivan Šubašić zum neuen Premierminister am 1. Juni 1944 kam es zu einer Verständigung mit Tito. Am 16. Juni 1944 einigten sich beide auf die Bildung einer neuen, königlichen Regierung aus „progressiven" demokratischen Elementen unter Führung von Šubašić, die dem AVNOJ verantwortlich sein sollte[402]. Über die endgültige Staatsform sollte das Volk nach Kriegsende entscheiden. Mit Erlaß vom 26. August 1944 erkannte König Peter Tito schließlich als einzigen Führer des jugoslawischen Widerstands an.

Nach der Befreiung Belgrads und längeren Verhandlungen schlossen Šubašić und

---

399 Zalar, Yugoslav communism, S. 79.
400 Zalar, Yugoslav communism, S. 106; Griesser-Pečar, Das zerrissene Volk, S. 477.
401 Zalar, Yugoslav communism, S. 107; Griesser-Pečar, Das zerrissene Volk, S. 478.
402 Zalar, Yugoslav communism, S. 108.

IV. Die Widerstandsbewegungen und der Bürgerkrieg 87

Tito am 20. Oktober 1944 ein zweites Abkommen, in dem die königlichen Befugnisse bis zur Verabschiedung einer neuen Verfassung „suspendiert" und der bisherige Regierungsdualismus aufgehoben werden sollte. König Peter wurde untersagt, vor diesem Zeitpunkt nach Jugoslawien zurückzukehren, und die königlichen Befugnisse wurden auf eine sog. „königliche Regentschaft" übertragen, die auf den König vereidigt und in Jugoslawien an dessen Stelle königliche Gewalt ausüben sollte[403]. Am 7. Dezember 1944 wurde das Tito-Šubašić-Abkommen durch Regelungen über die Wahlen zu einer Verfassunggebenden Versammlung und die Behandlung des königlichen Vermögens ergänzt[404].

d) Vorgaben für die staatliche Reorganisation

Auf der Konferenz von Jalta (4.–11. Februar 1945) hatten Roosevelt, Churchill und Stalin die „Deklaration über ein befreites Europa" verabschiedet, in der sich die drei Länder verpflichteten, die befreiten europäischen Staaten bei der Lösung ihrer wirtschaftlichen und politischen Probleme zu unterstützen. Dies sollte auf demokratischem Wege, d.h. durch die Abhaltung freier Wahlen und die Einsetzung dadurch legitimierter Regierungen geschehen. Anerkannt wurde zudem das Recht der Völker, allein über ihre Staatsform zu entscheiden[405]. In einer zweiten Erklärung, die sich ausschließlich mit Jugoslawien befaßte, empfahlen die drei Regierungschefs Tito und Šubašić, die geschlossenen Übereinkommen umzusetzen und eine neue Regierung zu bilden[406]. Zugleich empfahlen sie, die vom AVNOJ erlassenen Gesetze von einer Verfassunggebenden Versammlung ratifizieren zu lassen[407].

Infolgedessen wurden am 2. März 1945 die Mitglieder der königlichen Regentschaft ernannt und vereidigt. Drei Tage später trat die königliche Regierung unter Šubašić zurück und das Nationale Befreiungskomitee löste sich auf. Am 7. März 1945 ernannte die königliche Regentschaft die Provisorische Regierung des „Demokratischen Föderativen Jugoslawien"[408]. Dem aus 28 Mitgliedern bestehenden

---

403 Zalar, Yugoslav communism, S. 110; Griesser-Pečar, Das zerrissene Volk, S. 473 f.
404 Zalar, Yugoslav communism, S. 110; Griesser-Pečar, Das zerrissene Volk, S. 475.
405 Griesser-Pečar, Das zerrissene Volk, S. 478.
406 Zalar, Yugoslav communism, S. 111.
407 Zalar, Yugoslav communism, S. 111.
408 Bereits während des Kriegs hatten die Kommunisten den Namen des Königreichs Jugoslawien in „Demokratisches Föderatives Jugoslawien" und nach dem Krieg in „Volksrepublik Jugoslawien" abgeändert, Zalar, Yugoslav communism, S. 118.

Kabinett gehörten 20 Vertreter des AVNOJ, drei Mitglieder der Exilregierung und fünf Parteipolitiker an. Tito wurde Ministerpräsident, Šubašić Außenminister[409].

e) Schicksal der Tschetniks (und anderer antikommunistischer Gruppen)

Obwohl sie von den Alliierten nicht mehr unterstützt wurden und starken Angriffen der Partisanen ausgesetzt waren, beherrschten die Tschetniks bis Mitte 1944 noch den größten Teil Serbiens[410], und erst mit dem Einmarsch der Roten Armee in den nördlichen Teil und der Bulgarischen Armee in den südlichen Teil Serbiens zeichnete sich ihre Niederlage ab. Tschetniks, die in die Hände der Sowjets oder der Partisanen fielen, wurden getötet. Mihailović zog sich mit seinen Leuten nach Bosnien zurück und kämpfte dort bis Mai weiter gegen die Kommunisten.

Als sich zum Ende des Kriegs der Sieg der Partisanen abzeichnete, flohen die ehemaligen Angehörigen der kroatischen Ustascha-Truppen, der Tschetniks und der slowenischen Orts- bzw. Landeswehren nach Kärnten, das von den Briten verwaltet wurde. Bereits auf der Flucht wurden viele der Flüchtenden von den Partisanen gefangengenommen und erschossen[411]. Unter den Flüchtlingen befanden sich auch Zivilisten, vor allem Frauen und Kinder, die von den Briten in getrennten Lagern interniert wurden und denen bei ihrer Ankunft zugesagt wurde, sie gegen Übergriffe der Partisanen zu schützen und nicht nach Jugoslawien zu überstellen. Obwohl den Briten bereits zu diesem Zeitpunkt bekannt war, daß die Kommunisten Zurückkehrende inhaftieren, foltern und töten würden, befahl die britische Militärführung bereits nach kurzer Zeit, daß – mit Ausnahme der Zivilbevölkerung – alle sich in Kärnten befindenden Jugoslawen an Titos Truppen zu übergeben seien[412]. Auch wenn vollständige Unterlagen fehlen, kann es als unstreitig angesehen werden, daß die Briten im Jahr 1945 40.000 Kosaken an die Rote Armee und 30.000 Jugoslawen an Jugoslawien auslieferten[413]. Unter dem Vorwand, sie würden in italienische Lager verbracht, wurden sie (unter ihnen auch Frauen und Kinder) in verschlossenen Viehwaggons an die österreichisch-jugoslawische Grenze transportiert und dort den Partisanen übergeben[414].

---

409 Zalar, Yugoslav communism, S. 111.
410 Zalar, Yugoslav communism, S. 112.
411 Griesser-Pečar, Das zerrissene Volk, S. 485.
412 Zalar, Yugoslav communism, S. 114; Griesser-Pečar, Das zerrissene Volk, S. 492 f.
413 Griesser-Pečar, Das zerrissene Volk, S. 481.
414 Griesser-Pečar, Das zerrissene Volk, S. 495 f.

IV. Die Widerstandsbewegungen und der Bürgerkrieg 89

Bereits während des Transports holten die Partisanen viele der Insassen aus den Zügen und brachten sie um. Die übrigen wurden zunächst durch die Straßen der Ortschaften getrieben, beschimpft und tätlich angegriffen. Schließlich wurden sie in Auffanglagern interniert, ihre Wertgegenstände, aber auch Kleidung und Lebensmittel wurden beschlagnahmt. Die Ernährung der Inhaftierten beschränkte sich auf zwei Mahlzeiten täglich, die aus etwas Suppe, Kartoffeln und Kraut bestanden. Bereits kurz nach ihrer Ankunft wurde ein Großteil der Inhaftierten ohne vorherigen Prozeß erschossen und – z.T. noch lebend – in Massengräbern verscharrt[415].

3. Völkerrechtliche Bewertung

Zwischen 1941 und 1945 wurde in Jugoslawien nicht nur Krieg zwischen den Alliierten und den Achsenmächten, der seine Fortsetzung im Kampf zwischen der Besatzungsmacht und verschiedenen Widerstandsgruppen fand, geführt; im Zuge dieses Konfliktes wurde auch ein Bürgerkrieg mit unterschiedlichen ideologischen und staatsorganisationsrechtlichen Vorstellungen ausgetragen, in den wiederum die Großmächte in taktischer Verfolgung ihrer sich ändernden Kriegsziele eingriffen. Völkerrechtlich stellt sich die Frage, welchen Status einzelne Widerstandsgruppen oder sonstige Formationen durch ihre Zusammenarbeit mit den kriegführenden Parteien oder der jugoslawischen Exilregierung erlangt haben. Wie bereits an anderer Stelle ausgeführt[416], teilten Deutschland, Italien und Ungarn Slowenien mit seinen ca. 1,5 Mio. Einwohnern unter sich auf.

a) Die Anerkennung von Aufständischen als kriegführende Partei

(1) Begriff
Bei der Anerkennung von Aufständischen als kriegführender Partei wird der zwischenstaatliche Kriegsbegriff auf einen rein innerstaatlichen Kampf übertragen mit der Folge, daß ein Staat unzulässigerweise in innere Angelegenheiten eines anderen souveränen Staates eingreift[417]. Unzulässig deshalb, weil es die aus dem Interventionsverbot der Staaten resultierende Pflicht dritter Staaten ist, einen Aufstand als interne Angelegenheit des durch den Aufstand betroffenen Staates zu behandeln, der

---
415 Griesser-Pečar, Das zerrissene Volk, S. 507 ff.
416 Vgl. oben, Teil A Kap. I 2. a) (1).
417 Carl Schmitt, Der Nomos der Erde, S. 274.

die Personen, die sich gegen seine Ordnung richten, nach innerstaatlichem Recht als Rebellen und Verräter behandeln darf[418]. Dritten Staaten war und ist es untersagt, in diese innere Angelegenheit durch die Unterstützung von Aufständischen einzugreifen[419], da sie andernfalls ein völkerrechtliches Delikt begehen[420]. Erstmals im Zusammenhang mit dem amerikanischen Sezessionskrieg 1861 von einigen Staaten vertreten und in den 30er Jahren dieses Jahrhunderts gewohnheitsrechtlich anerkannt war, daß es bei Vorliegen bestimmter Voraussetzungen sowohl für die legale Regierung als auch für dritte Staaten, ohne einen Völkerrechtsverstoß zu begehen, möglich sei, Aufständische ausdrücklich oder konkludent[421] als kriegführende Partei anzuerkennen[422].

Diese Anerkennung bedeutet für die Aufständischen eine Rangerhöhung, einen „Vorgriff auf die Staatlichkeit"[423], während er für die legale Regierung einer Degradierung gleichkommt[424]. Mit ihr erscheint die revolutionäre Bewegung als eine Regierung des vom Aufstand betroffenen Staates, die zwar lokal auf ihren Machtbereich beschränkt ist, den Teil des Staates jedoch, der innerhalb dieses Machtbereiches liegt, völkerrechtlich vertreten kann[425].

(2) Voraussetzung der Anerkennung
Im Jahre 1900 verabschiedete das Institut für Internationales Recht eine Resolution über die „Pflichten ausländischer Mächte gegenüber der Regierung, die einen Aufstand bekämpft"[426]. Danach ist die Anerkennung Aufständischer als kriegführende Partei an folgende Voraussetzungen gebunden:

1. In einem Staat muß eine – einem Krieg vergleichbare – bewaffnete Auseinandersetzung herrschen.
2. Dieser Kampf muß unter Beachtung der allgemeinen völkerrechtlichen Normen des Kriegsrechts geführt werden.

---

418 Kunz, Anerkennung, S. 189; Dahm, Völkerrecht I, S. 182.
419 Siehe auch Art. 2 der Resolution "Duties of Foreign Powers Toward the Government fighting the Insurrection" des Instituts für Völkerrecht im Jahr 1900, zit. bei Lauterpacht, Recognition, S. 230; McNair, LQR 1937, S. 472.
420 Dahm, Völkerrecht I, S. 182; von der Heydte, Völkerrecht I, S. 196; Kunz, Anerkennung, S. 207.
421 Lauterpacht, Recognition, S. 177.
422 Kunz, Anerkennung, S. 174.
423 Carl Schmitt, Der Nomos der Erde, S. 139.
424 Carl Schmitt, Der Nomos der Erde, S. 275.
425 Von der Heydte, Völkerrecht I, S. 194 f.
426 Zitiert bei McNair, LQR 1937, S. 475.

IV. Die Widerstandsbewegungen und der Bürgerkrieg

3. Die Aufständischen müssen auf einem Teilgebiet des Staates eine Organisation herausgebildet haben, die in diesem Bereich die von der lokalen Regierung gesetzten Normen durchzusetzen imstande ist (Grundsatz der Effektivität)[427].
4. Im Falle der Anerkennung durch dritte Staaten müssen diese ein besonderes Interesse an einer Anerkennung darlegen[428].

(3) Wirkungen
Im Gegensatz zu der Frage, ob der Heimatstaat und dritte Staaten zur Anerkennung verpflichtet sind bzw. Aufständische diese fordern können[429], besteht Einigkeit über die von der Anerkennung ausgehenden Wirkungen, die im Verhältnis des Heimatstaates zu den Aufständischen weniger weitgehend sind als im Verhältnis dieser zu dritten Staaten und die nur *inter partes* gelten, andere Staaten also nicht binden[430].

(a) Aufwertung der Aufständischen
Die Anerkennung durch den eigenen Staat hat zur Folge, daß auf die Rebellen statt des heimischen Strafrechts Kriegsrecht Anwendung findet, durch dessen Normen auch sie verpflichtet sind und die damit auf dem von ihnen besetzten Gebiet die Rechte und Pflichten eines Okkupanten erhalten[431]. Z. T. wird zudem die Auffassung vertreten, daß der Heimatstaat nach erfolgter Anerkennung dritten Staaten gegenüber von der internationalen Verantwortlichkeit für die Aktionen der Rebellen befreit sei[432]. Ob dies tatsächlich eine Folge der Anerkennung ist, ist jedoch fraglich. Da ein Staat nur für sein Verschulden und das seiner Organe haftet, die Rebellen Organfunktion aber gerade nicht innehaben, gilt dieser Haftungsausschluß auch ohne Anerkennung[433].

---

427 Lauterpacht, Recognition, S. 176; Kunz, Anerkennung, S. 172; McNair, LQR 1937, S. 475; Verdross, Völkerrecht, S. 205; Dahm, Völkerrecht I, S. 185 f.; von der Heydte, Völkerrecht I, S. 195.
428 Lauterpacht, Recognition, S. 176; McNair, LQR 1937, S. 476; Dahm, Völkerrecht I, S. 186; Kunz, Anerkennung, S. 200.
429 Ablehnend Kunz, Anerkennung, S. 177, 192 f.; McNair, LQR 1937, S. 483; Hall, International Law, S. 39; dafür Lauterpacht, Recognition, S. 228 f., der diese Pflicht aus dem Verbot der Intervention herleitet. Solange die Anerkennung versagt werde, seien dritte Staaten zur Unterstützung der legalen Regierung befugt. Diese bedeute jedoch einen Eingriff in das Selbstbestimmungsrecht der Völker.
430 Dahm, Völkerrecht I, S. 184.
431 Kunz, Anerkennung, S. 186.
432 Kunz, Anerkennung, S. 185; Verdross, Völkerrecht, S. 205; Dahm, Völkerrecht I, S. 184.
433 Dahm, Völkerrecht I, S. 184; Lauterpacht, Recognition, S. 247.

(b) Völkerrechtliche Haftung

Hat der Aufstand Erfolg, so haftet die siegreiche revolutionäre Staatsgewalt sowohl für das von ihren Anhängern während des Aufstandes[434], als auch für das von der alten Regierung begangene Unrecht[435]. Diesbezüglich gilt nur eine Einschränkung: Wie die legitime Regierung auch, haften die siegreichen Aufständischen nicht für die Schäden, die im Zuge der allgemeinen militärischen Operationen entstanden sind, soweit diese mit dem Völkerrecht in Einklang stehen. Die Haftung ist auf Schäden beschränkt, die durch individuelle Aktionen oder durch eine völkerrechtswidrige Kriegführung entstehen[436].

(c) Folgen der Anerkennung durch Drittstaaten

Anerkennen dritte Staaten die Aufständischen, sind diese den kriegführenden Parteien gegenüber zur Neutralität verpflichtet[437]. Mit der Anerkennung erhalten die Aufständischen zudem partielle Völkerrechtssubjektivität und damit unter anderem ein beschränktes Vertragsschließungsrecht, das es ihnen ermöglicht, mit der legitimen Regierung Kriegsverträge bzw. Verträge abzuschließen, die mit der Kriegführung in unmittelbarem Zusammenhang stehen[438]. Auch diese Rechte erhalten sie jedoch nur relativ, d.h. im Verhältnis zum anerkennenden Staat und – dies ist dieser Art der Anerkennung inhärent – nur vorläufig[439]. Erfolgt die Anerkennung verfrüht, weil die geforderten Voraussetzungen nicht vorliegen, stellt dies ebenfalls eine völkerrechtswidrige Intervention in die Angelegenheiten des vom Aufstand betroffenen Staates dar[440].

---

434 Borchard, Diplomatic protection, S. 241; Schwarzenberger, International Law, Vol. I, S. 627 f.; Verdross, Völkerrecht, S. 310, der anführt, aus dem Sieg der Revolutionäre folge, daß sie das Volk schon vorher repräsentiert hätten; Moore, A digest of international law, Vol. VI, S. 991.
435 Hackworth, International Law, S. 681 f.
436 Dahm, Völkerrecht I, S. 202.
437 Dahm, Völkerrecht I, S. 183; von der Heydte, Völkerrecht I, S. 195; Kunz, Anerkennung, S. 202; McNair, LQR 1937, S. 476.
438 Oppenheim/Lauterpacht, International Law, Vol. I, S. 140; Dahm, Völkerrecht I, S. 184.
439 Kunz, Anerkennung, S. 208.
440 Von der Heydte, Völkerrecht I, S. 196; Dahm, Völkerrecht I, S. 185; Lauterpacht, Recognition, S. 176.

IV. Die Widerstandsbewegungen und der Bürgerkrieg   93

b) Anerkennung der Partisanen durch Großbritannien

Aus der historischen Literatur ergibt sich, daß Großbritannien die Partisanen nicht ausdrücklich, sondern nur konkludent anerkannt hat. Für eine solche Anerkennung spricht, daß Großbritannien Delegierte in das Hauptquartier Titos entsandte, ab Anfang 1944 offiziell nur noch die Partisanen unterstützte, bei König Peter auf eine Absetzung General Mihailovićs als Kriegsminister hinwirkte und auch das Tito-Šubašić-Abkommen initiierte. Durch diese Maßnahmen erfolgte eine außenpolitische Aufwertung der Partisanen, die auf ihre Anerkennung als lokale De-facto-Regierung und kriegführende Partei schließen läßt.

Diese Anerkennung erfolgte jedoch verfrüht, weil die Partisanen die oben aufgeführten Voraussetzungen nicht vollständig erfüllten. Zwar hatte der Bürgerkrieg zwischen den Regierungstruppen General Mihailovićs und den Partisanen die Ausmaße eines länger andauernden und sich auf ganz Jugoslawien bzw. Slowenien erstreckenden Kriegs angenommen. Nicht eindeutig ist hingegen, ob die in den einzelnen Ortschaften errichteten Regierungen bzw. Verwaltungen dem Effektivitätsgebot genügten, da diese Gebiete mit Ausnahme von Weißkrain ständig umkämpft waren und die Herrschaft über diese Gebiete häufig wechselte. Dies kann letztlich aber dahinstehen, weil es unstreitig an einer Kriegführung der Partisanen unter Beachtung der Regeln des Kriegsrechts fehlte. So machten sie gegnerische Kämpfer nicht zu Kriegsgefangenen, sondern töteten diese in aller Regel sofort nach ihrer Gefangennahme und begingen zahlreiche gegen die HLKO verstoßende Übergriffe gegen die Zivilbevölkerung.

Die Anerkennung der Partisanen durch Großbritannien war folglich unzulässig und stellt eine Völkerrechtsverletzung dar, die nur durch ein überdurchschnittliches Interesse Großbritanniens an der Anerkennung der Partisanen gerechtfertigt werden kann[441]. Danach müssen Interessen und Rechte des anerkennenden Staates durch den Bürgerkrieg in einem Umfang berührt werden, der es notwendig macht, die Beziehungen zu den Kriegsparteien zu konkretisieren[442]. Unter solche Interessen fallen unter anderem der Schutz der eigenen Staatsangehörigen im Bürgerkriegsgebiet sowie der Schutz wirtschaftlicher Interessen.

Den Alliierten war daran gelegen, daß auch jugoslawische Kräfte gegen die Achsenmächte kämpften, um so eigene Truppen weniger zu gefährden und deren Einsatz in anderen Kriegsgebieten zu ermöglichen. Für eine bessere Koordinierung des Kampfes gegen die Achsenmächte war es unumgänglich, sich für die erfolgverspre-

---

441 Dahm, Völkerrecht I, S. 186.
442 Kunz, Anerkennung, S. 200, Fn. 37, 38.

chendere Partei in dem innerstaatlichen Konflikt zu entscheiden. Eine wichtige Rolle spielte auch das Interesse Großbritanniens an einer gesicherten Nachkriegsordnung mit einem vereinten Jugoslawien, deren Garant die Kommunisten im Gegensatz zu der schwachen Exilregierung zu sein schienen. Da diese Erwägungen durchaus ein anerkennenswertes Interesse bedeuten, ist die vorzeitige Anerkennung der Partisanen gerechtfertigt.

Folge der Anerkennung der Kommunisten war, daß Großbritannien den Bürgerkriegsparteien gegenüber zur Neutralität verpflichtet und die Versorgung der Partisanen mit Waffen somit völkerrechtswidrig war. Etwas anderes ergibt sich lediglich dann, wenn man streng formalistisch davon ausgeht, daß die Waffenlieferungen nicht der Unterstützung der Partisanen im Kampf gegen die legale Regierung, sondern dem Kampf gegen die Achsenmächte dienten, die Neutralität also gewahrt wurde. Churchills erklärtes Ziel war ja gerade nicht der Sturz der Exilregierung – auch wenn er diesen sicherlich billigend in Kauf nahm – sondern der Kampf gegen die Achsenmächte, so daß er formell seiner Neutralitätspflicht genügte.

c) Anerkennung der Partisanen durch die eigene (Exil-) Regierung

Mit dem Tito-Šubašić-Abkommen erkannte auch die legale Exilregierung die Aufständischen konkludent als kriegführende Partei an. Von diesem Zeitpunkt an waren die Bürgerkriegsparteien somit im Verhältnis zueinander als auch der Zivilbevölkerung gegenüber zur Beachtung der allgemeinen Grundsätze des Kriegsrechts verpflichtet. Für die Partisanen bedeutete dies insbesondere, daß sie die öffentliche Ordnung aufrechtzuerhalten, die noch geltenden Gesetze zu beachten und die Zivilbevölkerung in größtmöglichem Umfang zu schützen hatten.

d) Rechtliche Bewertung der Handlungen der Partisanen
während des Bürgerkriegs

Was an anderer Stelle (vgl. oben II 2) zu den Pflichten und Rechten einer Besatzungsmacht ausgeführt wurde, gilt folglich auch für die Partisanen in den von ihnen kontrollierten Gebieten. Soweit erhobene Steuern nicht zur Verwaltung des jeweils besetzten Gebietes bzw. zur Unterhaltung der dort befindlichen Kämpfer, sondern zur Finanzierung des Bürgerkriegs genutzt wurden, verstieß dies gegen Art. 48 HLKO. Eigentum der Zivilbevölkerung durfte von den Partisanen ebenfalls nur entsprechend der Vorschriften der Art. 52 und 53 HLKO beschlagnahmt bzw. requiriert

IV. Die Widerstandsbewegungen und der Bürgerkrieg

werden. Sofern diesen Bestimmungen nicht entsprochen wurde, den jeweiligen Eigentümern insbesondere kein finanzieller Ausgleich für die Inspruchnahme ihres Eigentums gewährt wurde, war auch dies völkerrechtswidrig.

Völkerrechtswidrig war auch die Bestrafung der Zivilbevölkerung, wenn diese die Unterstützung der Partisanen verweigerte. In der durch Krieg und Bürgerkrieg gekennzeichneten Übergangszeit war die legale Regierung König Peters zurückgedrängt, aber nicht beseitigt. Diese war, wie bereits an anderer Stelle ausgeführt, weiterhin das oberste Organ des Staates, während die Aufständischen unter Tito bis zu ihrer Anerkennung Hochverräter i.S.d. innerstaatlichen Strafrechts waren und von der legalen Regierung nach straf- und polizeirechtlichen Gesichtspunkten hätten verfolgt werden können. Gleiches gilt für alle Bürger, die die Aufständischen unterstützen und sich damit offen gegen ihre Regierung stellen.

Daran ändern auch die Beschlüsse der Versammlung von Gottschee vom 1.–3. Oktober 1943 bzw. des AVNOJ vom 29.–30. November 1943 nichts. Die bloße Postulierung des eigenen Alleinvertretungsanspruches und die Negierung der von der Exilregierung ausgeübten Staatsgewalt führen nicht zu einer Änderung der tatsächlichen rechtlichen Situation. Die Beschlüsse, die vorgaben, den Willen des gesamten Volkes wiederzugeben, entfalteten keine rechtliche, die Bevölkerung bindende Wirkung, sondern hatten lediglich den Zweck, die Exilregierung als die legitime jugoslawische Regierung zu verdrängen.

Gleiches gilt für die slowenischen Gruppierungen, die es sich zur Aufgabe gemacht hatten, die öffentliche Sicherheit und Ordnung aufrechtzuerhalten, d.h. die Legionen, Orts- und Landeswehren. Ihr Treueverhältnis zu dem Staat, dessen Angehörige sie waren, und der diesen vertretenden Regierung blieb trotz der kriegerischen Besetzung weiter bestehen. Diese fortbestehende Treue zur Exilregierung kommt insbesondere in dem auf König Peter geleisteten Eid, den die verschiedenen Legionen, Tschetniks und insgeheim auch verschiedene Angehörige der Ortswehren schworen, zum Ausdruck. Es bestand nicht die Pflicht, den Anordnungen der Kommunisten Folge zu leisten.

Der Erlaß des Schutzgesetzes vom 16. September 1941 verstieß somit gegen Völkerrecht, zumal dessen Bestimmungen jegliche Rechtssicherheit aufhoben, vielmehr die Bestrafung fast jeder Handlung ermöglichten und das Gesetz mit dem Sicherheitsbedürfnis der Partisanen in keiner Relation stand. Schließlich hoben die Partisanen in unzulässiger Weise die Unabhängigkeit der Gerichte auf, was ebenfalls gegen Kriegsrecht verstieß. Soweit die Partisanen im Rahmen von Strafmaßnahmen oder in sonstiger Weise die in Art. 46 HLKO anerkannten Grundrechte der Bevölkerung verletzten, war diese befugt, sich – auch durch die Bildung von Orts- und Landeswehren – gegen diese Übergriffe zu verteidigen.

Teil B: Slowenien nach Kriegsende 1945

Das Ende des Zweiten Weltkriegs führte in Jugoslawien zu völkerrechtlich, aber vor allem innerstaatlich relevanten Änderungen, von denen auch Slowenien nicht unberührt blieb.

I. Die neuen Grenzen unter besonderer Berücksichtigung der Triestfrage

Da die Annexion jugoslawischen Territoriums während des Zweiten Weltkriegs durch die Achsenmächte völkerrechtlich unwirksam war[443], entstand Jugoslawien nach Kriegsende wieder in seinen Vorkriegsgrenzen. Der Friedensvertrag der Alliierten mit Italien von 10. Februar 1947 (Pariser Friede)[444] übertrug an Jugoslawien vormals italienische Gebiete in Istrien und Dalmatien[445]. Da Slowenien von dem 1945 ausbrechenden Streit um Triest unmittelbar betroffen war, soll dieser kurz unter Berücksichtigung der einschlägigen völkerrechtlichen Dokumente geschildert werden[446].

1. Die Vorgeschichte

Am Vorabend des Ersten Weltkriegs war Triest der wohlhabende Seehafen der österreichisch-ungarischen Monarchie. Die Volkszählung von 1910 wies eine Bevölkerungszahl von 229.510 Einwohnern aus, darunter 118.959 Italiener, 59.319 Slowenen und Kroaten, 12.635 andere österreichische Staatsangehörige und 38.597 Ausländer (darunter 29.439 italienische Staatsbürger). Die italienischen Volkszugehörigen (österreichischer und italienischer Staatsangehörigkeit) besaßen zusammen eine 2/3 Mehrheit. Dies war die Begründung dafür, daß in dem am 26. April

---

443 Vgl. oben, Teil A Kap. II 2 b).
444 Peace Treaty of Paris of February 10, 1947, between the Allied and Associated Powers, on one hand, and Italy, on the other hand, UNTS Vol. 49 (1950) 126–235, in Kraft getreten am 15. September 1947.
445 Insgesamt 3.623 sqm: die italienische Enklave Zadar (Zara), die Inseln Cres (Cherso), Losinj (Lussin), Lastovo (Lagosta) und Palagruza (Pelagosa) sowie die restlichen Inseln des Kvarner, den Hafen Rijeka (Fiume), den größten Teil der Halbinsel Istrien mit dem Kriegshafen Pulj (Pola), den Triestiner Karst, das obere und das mittlere Isonzotal bis Görz (ohne Stadt).
446 Zu den historischen Hintergründen, insbesondere zur politischen Forderung nach einem „Vereinten Slowenien" vgl. Griesser-Pečar, Das zerrissene Volk, S. 517 ff.

1915 in London unterzeichneten Geheimvertrag England, Frankreich und Rußland übereinkamen, Italien im Friedensvertrag die Stadt zuzusprechen. Demgemäß besetzten italienische Truppen am 4. November 1918 Triest. Nach dem Koalitionswechsel Italiens im Zweiten Weltkrieg besetzten im September 1943 deutsche Truppen die Stadt, um sie als Brückenkopf des großdeutschen Reiches am Mittelmeer zu halten. Nachdem Tito-Truppen Dalmatien und Istrien befreit hatten, drangen sie am 30. April 1945 bis nach Triest vor und erklärten dessen Eingliederung in Jugoslawien[447].

2. Die Regelungen im Pariser Frieden

Art. 21 des Pariser Friedens sah die Schaffung einer Freien Stadt Triest (Free Territory of Trieste) nach dem Vorbild der Freien Stadt Danzig nach dem Ersten Weltkrieg vor. Die gebietsbezogenen Bestimmungen des Vertrages beschrieben in Art. 4 die Grenze zwischen Italien und der Freien Stadt und in Art. 22 die zwischen Jugoslawien und dem Freien Gebiet. Die Annexe VI-X des Friedensvertrages betrafen Regelungen über die internationale Verwaltung des Gebietes unter der Aufsicht der Vereinten Nationen, über die vorläufige Ausübung der Staatsgewalt, den freien Hafen sowie über technische und wirtschaftliche Angelegenheiten. Die politischen Klauseln des Annexes VI regelten insbesondere die Integrität und Unabhängigkeit des Gebietes, die der Sicherheitsrat der Vereinten Nationen garantieren sollte, und seine Entmilitarisierung und Neutralität. Art. 6 des Vertrages sah vor, daß alle italienischen Staatsbürger ihre Staatsangehörigkeit zu Gunsten des Free Territory verlieren sollten[448]. Innerhalb bestimmter Fristen bestanden aber auch Optionsrechte für die alte Staatsangehörigkeit. Die neuen Minderheiten waren durch eine besondere Gesetzgebung zu schützen[449].

Die Umsetzung der friedensvertraglichen Regelungen, insbesondere die Verständigung im Sicherheitsrat der Vereinten Nationen über die Wahl des die Weltorganisation repräsentierenden Gouverneurs, der vertragsgemäß die oberste Gewalt auf dem Gebiet hätte ausüben sollen, scheiterte jedoch am ausbrechenden Kalten Krieg. Bis zur Amtseinführung des Gouverneurs übte auf dem Territorium der Freien Stadt Triest die Alliierte Militärregierung (Allied Military Government) – zeitlich begrenzt – gemeinsam die Verwaltungsgeschäfte aus. Die Militärbehörden Englands und der

---

447 Zu den slowenisch/jugoslawischen Gebietsforderungen an der Westgrenze und den Friedensplänen der Westalliierten vgl. Griesser-Pečar, Das zerrissene Volk, S. 526 ff.
448 Italiener auf dem Gebiet der Freien Stadt "shall become original citizens ... with full civil and political rights ... and shall lose their Italian citizenship".
449 Vgl. Art. 19 und 20 Pariser Friedensvertrag.

Vereinigten Staaten verwalteten die sog. Zone A, insgesamt ca. 210 qkm (= 95 sqm) mit dem Stadtgebiet von Triest[450]; die jugoslawischen Streitkräfte verwalteten die sog. Zone B, ca. 520 qkm (= 200 sqm) mit den Ortschaften Capodistria, Buia und Cittanova[451].

3. Die Teilung des Gebietes zwischen Jugoslawien und Italien

Die Zone B verleibte Jugoslawien de facto seinem Staatsgebiet ein[452]. 1953 verständigten sich England und die Vereinigten Staaten darauf, die gemeinsame Militärverwaltung über die Zone A zu beenden und das Gebiet wegen des überwiegend italienischen Charakters der Zone Italien zu überlassen[453]. Die völkerrechtliche Aufteilung des Free Territory zwischen Italien und Jugoslawien wurde sodann in einem britisch-amerikanischen Memorandum of Understanding vom 5. Oktober 1954[454] näher konzipiert, das auch die Zustimmung der betroffenen Staaten fand. Das Dokument regelte

1. die Beendigung der Militärverwaltung in den Zonen A und B durch die drei Besatzungsmächte,
2. die genaue Bestimmung der Grenzen („boundary adjustment") durch eine Grenzkommission („Boundary Commission") und
3. die Erstreckung der italienischen Verwaltung auf die Zone A[455] und die der jugoslawischen Zivilverwaltung auf die Zone B.

Die genaue Grenzdefinition führte zu kleinen Gewinnen auf der jugoslawischen Seite[456]. Das Übereinkommen sieht besondere Minderheitenschutzbestimmungen

---

450 Zu den Schwierigkeiten der Westalliierten, den Abzug der Tito-Partisanen aus dem 1945 eroberten Gebiet zu erreichen, s. Griesser-Pečar, Das zerrissene Volk, S. 534 ff.
451 Vgl. Panebianco, Trieste, in: Bernhardt, EPIL IV, S. 1003.
452 Vgl. UN Doc. S/707 vom 31. März 1948; SC OR (3rd year) Supp. for August 1948.
453 Vgl. Joint Statement, October 8, 1953, British and Foreign Papers, Bd. 160 (1953), p. 374. Dieser Vorschlag wurde von der jugoslawischen Regierung zurückgewiesen, weil sie nicht ausreichend konsultiert worden sei. Bereits am 20. März 1948 war ein von England, Frankreich und den USA vorgetragener Teilungsvorschlag am Widerspruch der UdSSR und Jugoslawiens gescheitert.
454 UNTS, Vol. 235, 99.
455 Zur Frage der Kontinuität italienischer Souveränität über Triest (trotz des in Art. 21 des Pariser Friedens ausgesprochenen unbedingten Verzichts) nehmen die Vereinbarung und auch spätere Übereinkünfte keine Stellung. Vgl. dazu Panebianco, Trieste, in: Bernhardt, EPIL IV, S. 1004 f.
456 Insgesamt ca. 5 sqm.; Italien erhielt letztlich ein Gebiet von 91 sqm. mit einer Bevölkerung von

und Regelungen über den kleinen Grenzverkehr sowie andere wirtschaftliche Fragen vor[457]. Die Verständigung zwischen Italien und Jugoslawien wurde durch den Vertrag von Osimo vom 10. November 1975[458] förmlich bestätigt. Die Triest-Lösung war möglich geworden, da sich die Beziehungen zwischen Moskau und Belgrad merklich abkühlten und Jugoslawien auf eine eigenständige Balkanpolitik und gute Beziehungen mit all seinen Nachbarstaaten bedacht sein mußte.

4. Die völkerrechtliche Haftung Jugoslawiens als Besatzungsmacht

Die Triestfrage verdeutlicht, daß Jugoslawien im Zweiten Weltkrieg nicht nur ein fremdbesetztes Gebiet, sondern zu Kriegsende selbst kurzfristig auch Besatzungsmacht war. Die Tito-Truppen waren außerhalb des Gebietes von Jugoslawien nach dem Stande von 1941 unmittelbar an die HLKO gebunden. Demgemäß verstieß die proklamierte Eingliederung von Triest in den jugoslawischen Staatsverband gegen Völkerrecht. Ebenso unzulässig waren die in den Gebieten durchgeführten Säuberungsmaßnahmen und die Übergriffe auf die Zivilbevölkerung[459].

310.000 (davon 63.000 Slowenen), Jugoslawien 202 sqm mit einer Bevölkerung von 73.000 (davon 30.000 italienische Volkszugehörige).
457 Vgl. dort Art. 5–8 Memorandum und Annex II über das Minderheitenstatut.
458 Traité entre la République Italienne et la République socialiste fédérative de Yugoslavie, Gazzetta Ufficiale 1977, No 77, S. 3, nebst Accord sur la promotion de la cooperation économique entre la République Italienne et la République socialiste fédérative de Yugoslavie gleichen Datums, Gazzetta Ufficiale No 77, S. 151; das Vertragswerk trat am 3. April 1977 in Kraft, vgl. Notenwechsel, Gazzetta Ufficiale No. 77, S. 191. Vgl hierzu Udina, Rivista di Diritto Internazionale Vol. 60 (1977), S. 405 ff.
459 Griesser-Pečar, Das zerrissene Volk, S. 533.

II. Die staatliche Reorganisation Jugoslawiens unter kommunistischer Herrschaft

1. Die gesamtjugoslawische Entwicklung (AVNOJ-Sitzungen)

Bereits auf der ersten Konferenz des Antifaschistischen Volksbefreiungsrates (AVNOJ) am 27. November 1942 in Bihać stellte Tito die Weichen für die Nachkriegszeit. Ursprünglich war es seine Absicht gewesen, bereits bei dieser Konferenz, die von Delegierten aus nahezu allen Landesteilen besucht wurde, eine provisorische Regierung zu bilden. Mit Rücksicht auf die Sowjetunion und deren westliche Verbündete, die nach wie vor die königliche Exilregierung als alleinige politische Vertretung Jugoslawiens und Mihailović als den eigentlichen Träger des jugoslawischen Widerstandes anerkannten, verzichtete er jedoch darauf[460].

Ein Jahr später, auf der 2. Sitzung des AVNOJ vom 29. – 30. November 1943 im bosnischen Jajce beendete Tito diese Rücksichtnahme. Neben dem künftigen Umbau Jugoslawiens auf föderativer Grundlage wurde auch die Gründung einer provisorischen Regierung unter der Präsidentschaft Titos bekanntgegeben[461]. König Peter wurde die Rückkehr ins Land untersagt und der Exilregierung alle Befugnisse abgesprochen. Es wurde eine Revision aller bis dahin abgeschlossenen internationalen Verträge und Vereinbarungen verlangt und allen künftig von der Regierung abzuschließenden Verträgen die Wirksamkeit abgesprochen[462].

Am 7. August 1945 fand die 3. und letzte Sitzung des AVNOJ statt. Obwohl die Zusammensetzung des Gremiums, den Empfehlungen von Jalta entsprechend, durch Abgeordnete des Vorkriegsparlaments erweitert worden war, waren die Kommunisten in der Mehrheit. Der AVNOJ erklärte sich zum provisorischen Parlament und

---

460 Hondius, Yugoslav Community, S. 126.
461 Hondius, Yugoslav Community, S. 132.
462 Die Jajce-Resolutionen lassen nur vordergründig Fragen nach der Identität des Vorkriegskönigreiches mit dem „neuen" jugoslawischen Staat aufkommen. Auch wenn aus ihrem Inhalt die Absicht gelesen werden könnte, die Kontinuität zwischen dem im Zuge einer revolutionären Bewegung entstandenen Jugoslawien und seinem Vorgängerstaat zu unterbrechen, ist dies rechtlich nicht möglich. Wie bereits an anderer Stelle ausgeführt, besteht ein Staat nicht nur aus dem Staatsapparat, sondern aus dem staatlich organisierten Volk und dem Staatsgebiet. Daraus resultierend ist in Völkerrechtslehre und Staatenpraxis anerkannt, daß ein Staat durch einen Staatsstreich nicht untergeht; stellvertretend Verdross, Völkerrecht, S. 249.

erließ neben einem Wahlgesetz zur Verfassunggebenden Versammlung eine Reihe von Gesetzen u.a. zur Agrarreform, zum Gerichtswesen und zur Verfolgung von „Verbrechen gegen Volk und Staat"[463].

2. Die Entwicklung in Slowenien

Den Beschlüssen auf Bundesebene korrespondierten gleiche Entwicklungen in den einzelnen Landesteilen. Vor der 2. Sitzung des AVNOJ waren in Slowenien auf der vom 1. bis 3. Oktober 1943 in Gottschee (Kocevje) stattfindenden „Versammlung der Abgeordneten des slowenischen Volkes" Beschlüsse gefaßt worden, die denen von Jajce ähnelten. Insgesamt 650 Abgeordnete, die zuvor in den befreiten Gebieten von Unterkrain und Innerkrain sowie den Partisaneneinheiten gewählt und in den übrigen Gebieten ernannt worden waren[464], hatten der sog. Weißen[465] und Blauen[466] Garde den Kampf angesagt und verkündet, ein demokratisches Jugoslawien aufbauen zu wollen. Der Exilregierung wurde das Recht abgesprochen, das slowenische Volk zu vertreten.

Der Slowenische Volksbefreiungsrat[467] erklärte am 4. März 1944 im Namen des slowenischen Volkes dessen Willen zur Gründung eines föderativen Staates und anerkannte die außenpolitische Alleinvertretung des Landes durch die zentralen kommunistischen Organe[468]. Zugleich wurde mit der Errichtung staatlicher Strukturen in Slowenien begonnen. Am 5. Mai 1945 wurde in Slowenien die „erste slowenische Regierung" eingesetzt, nachdem die bürgerlichen Kräfte bereits am 3. Mai 1945 in Ljubljana eine Regierung für das Land gebildet hatten, die aber aufgrund mangelnder Unterstützung nur wenige Tage bestand[469].

---

463 Hondius, Yugoslav Community, S. 134 f.
464 Griesser-Pečar, Das zerrissene Volk, S. 161 ff.
465 Alle traditionellen slowenischen Organisationen und Verbände, Griesser-Pečar, Das zerrissene Volk, S. 165.
466 Die Armee Draža Mihailovićs, Griesser-Pečar, Das zerrissene Volk, S. 165.
467 Slovenski narodnoosvobodilni svet (SNOS).
468 Griesser-Pečar, Das zerrissene Volk, S. 171 ff.
469 Griesser-Pečar, Das zerrissene Volk, S. 177.

3. Diskriminierendes Wahlrecht

Vor der Wahl zur Verfassunggebenden Versammlung erließ die neue Regierung ein Wahlgesetz, das das Wahlrecht all denen absprach, die mit den ehemaligen Besatzungsmächten kollaboriert hatten, Mitglieder des sog. Kulturbundes und anderer faschistischer Organisationen gewesen waren oder die Besatzungsmächte durch zivile oder politische Dienste unterstützt hatten[470]. Zur Wahl stand ausschließlich die Volksfront, andere Parteien waren nicht zugelassen. Die nach dieser Wahl konstituierte Verfassunggebende Versammlung, die zu 96 % aus Kommunisten bestand, kam erstmals am 29. November 1945 zusammen und rief die Volksrepublik Jugoslawien aus[471]. Bei den auf den 11. November 1945 angesetzten Wahlen zur Verfassunggebenden Versammlung wurde schließlich die Stimmabgabe von Angehörigen der Geheimpolizei überwacht und das Wahlergebnis zugunsten der Kommunisten manipuliert[472].

---

470 Zalar, Yugoslav communism, S. 119.
471 Zalar, Yugoslav communism, S. 119.
472 Griesser-Pečar, Das zerrissene Volk, S. 539 f.

III. Die „beschränkte Souveränität" und Staatlichkeit der einzelnen Republiken

1. Die Stellung der Republiken in der Verfassung

Die Volksrepublik Jugoslawien war ihrer Verfassung nach ein „Bundes-Volksstaat republikanischer Form, eine Gemeinschaft gleichberechtigter Völker, die auf der Grundlage des Selbstbestimmungsrechts, das das Recht auf freien Austritt einschließt, ihren Willen erklärt haben, in einem föderativen Staat zusammen zu leben"[473].

Anerkannt waren die Rechte der Völker[474] und der nationalen Minderheiten auf Gleichbehandlung[475], auf ihre eigenständige kulturelle Entwicklung und den freien Gebrauch ihrer Sprache[476]. Die sechs Republiken Serbien, Kroatien, Slowenien, Bosnien-Herzegowina, Montenegro und Mazedonien genossen Bestandsschutz, da ihre Grenzen ohne ihre Zustimmung nicht verändert werden durften[477]. Jugoslawien verstand sich als offene Föderation – die Aufnahme neuer Republiken lag in der Kompetenz des Bundes[478]. Der geplante Beitritt Triests, Albaniens und Bulgariens erfolgte wegen der außenpolitischen Entwicklung jedoch nicht[479].

Jede Republik hatte ihre eigenen höchsten Organe. Die Kompetenz dieser Organe war jedoch faktisch und verfassungsrechtlich außerordentlich begrenzt, so daß sich die Frage stellt, ob die Republiken souveräne Staaten im staatsrechtlichen Sinn waren und die FVRJ als ein Bundesstaat oder ein dezentralisierter Einheitsstaat zu betrachten war. In diesem Zusammenhang irrelevant ist, daß die Gliedstaaten bis 1945 keine Staaten im staatsrechtlichen Sinne waren, sondern der bis dahin bestehende Einheitsstaat aufgeteilt worden war. Die staatsrechtliche Form der Entstehung eines Bundesstaates ist für das rechtliche Wesen des Staates gleichgültig. Sie bestimmt sich nach der Art des historischen Vorgangs, durch den der Bundesstaat konstituiert wird, etwa durch Föderalisierung des bisherigen Einheitsstaates oder durch den Zu-

---

473 Art. 1 der jugoslawischen Bundesverfassung von 1946 (Verf. 1946).
474 Wobei nicht festgelegt war, welche die Völker der FNRJ sind.
475 Art. 21 Verf. 1946.
476 Art. 13, 120 Verf. 1946.
477 Art. 12 Verf. 1946.
478 Art. 44 Nr. 2 Verf. 1946.
479 Hondius, Yugoslav Community, S. 140; Schweissguth, Bundesverfassungsrecht, S. 141.

sammenschluß mehrerer völlig unabhängiger Staaten[480]. Eine Überprüfung auf Grundlage der Verfassung bedarf jedoch der Frage, ob die Gliedstaaten souveräne Staatsgebilde mit dem Zentralstaat entzogenen Zuständigkeiten waren, die an der Herstellung des Gesamtwillens teilhatten. Dies ist im Ergebnis abzulehnen.

2. Slowenien als souveräner Staat?

Legt man den bereits an anderer Stelle angeführten Souveränitätsbegriff zugrunde, daß die Staatsgewalt innerstaatlich die höchste politische Gewalt darstellt und ohne ihre Zustimmung keiner fremdstaatlichen Gewalt untergeordnet ist[481], ergibt dies für die Rechtsstellung der Republiken folgendes:

a) Recht zur Selbstorganisation

Art. 11 Abs. 3 der Bundesverfassung bestimmte, daß die Verfassungen der einzelnen Volksrepubliken mit der Bundesverfassung in Einklang zu stehen hätten. Da Aufbau und Kompetenzen der obersten Organe der Gliedstaaten in der Verfassung genau festgelegt waren, waren die Nationalversammlungen der Republiken den Bestimmungen des Bundesgesetzgebers unterworfen, ohne verfassungsrechtlich in der Lage zu sein, die sozialen und politischen Strukturen ihrer Staaten und ihren eigenen Zuständigkeitsrahmen selbst zu bestimmen. Die Bundesverfassung regelte Struktur und Kompetenzen vielmehr so ausführlich, daß die Republiksverfassungen der Bundesverfassung wörtlich glichen.[482]

Die Übernahme der Bestimmungen über die höchsten Organe der Staatsmacht[483] und der Staatsverwaltung[484] hatte nur deklaratorischen Charakter, weil der Bundesgesetzgeber die Normierung für die Republiken bereits vorweggenommen hatte. Daraus ergibt sich, daß den Republiken das Recht der Selbstorganisation, eines der wesentlichsten Merkmale echter Souveränität, nicht zustand, die Organisationsgewalt vielmehr fast ausschließlich bei den obersten Bundesorganen lag. Dieses Ungleichgewicht zeigt sich auch in der Ausgestaltung der drei Gewalten.

---

480 Berber, Völkerrecht I, S. 144.
481 Giese, Deutsches Staatsrecht, S. 16; Jellinek, Allgemeine Staatslehre, S. 481 f.
482 Hondius, Yugoslav Community, S. 140; Beckmann-Petey, Der jugoslawische Föderalismus, S. 50.
483 Art. 90–95 Verf. 1946.

b) Ausgestaltung der drei Gewalten

(1) Legislative
Die Kompetenz-Kompetenz nahm ebenfalls der Bund in Anspruch. Trotz der Bestimmung des Art. 9 der Bundesverfassung von 1946, nach der die Souveränität der Volksrepublik nur durch die dem Bund auf Grund der Verfassung zustehenden Rechte beschränkt war, hielt sich die Kompetenz der Gliedstaaten in einem engen Rahmen. Vergleicht man den Katalog der Kompetenzen, die nach Art. 44 dem Bund zugewiesen waren, mit den Zuständigkeiten, die den Gliedstaaten danach verblieben, so treten die den Republiken eingeräumten Kompetenzen derart zurück, daß von einer verfassungspolitischen Balance zwischen Bundes- und Gliedstaaten nicht die Rede sein kann.

(2) Exekutive
Die Durchführung der von Bundesorganen erlassenen Rechtsvorschriften erfolgte durch Bundesbehörden, und zwar entweder durch allgemeine Bundesministerien oder durch Bundes-Republikministerien. Während erstere unmittelbar im gesamten Staatsgebiet tätig wurden, erfüllten letztere ihre Verwaltungsaufgaben nur mittelbar, indem sie sich eines entsprechenden weisungsgebundenen Republikministeriums für Bundesangelegenheiten bedienten[485]. Die Verwaltung der Wirtschaft erfolgte auf der Grundlage eines allgemein verbindlichen Planes, der von der Bundesplanungskommission aufgestellt wurde[486]. Dem Prinzip des demokratischen Zentralismus entsprechend[487] konnte zudem die Bundesregierung mit gewissen Einschränkungen Akte der Republiksregierung oder von Republiksministerien aufheben[488]. Das Verhältnis zwischen Bundesorganen und Republikorganen war geprägt vom Vorrang der Bundesorgane.

(3) Jurisdiktion
Die Staatsanwaltschaft[489] war streng zentralistisch organisiert. Gemäß Art. 125 Verf. 1946 ernannte die Bundesanwaltschaft die Staatsanwälte in den Republiken, die wiederum mit Zustimmung der Bundesstaatsanwälte die Staatsanwälte in den autonomen Provinzen, Gebietskörperschaften und den untergeordneten Gebietseinheiten

---

484 Art. 96–102 Verf. 1946.
485 Art. 88 Verf. 1946.
486 Art. 44 Nr. 12, Art. 81 Verf. 1946.
487 Das besagt, daß alle Organe von der Basis gewählt werden, die unteren Organe jedoch den Weisungen der höheren unterliegen und von diesen kontrolliert werden.
488 Art. 131 Verf. 1946.
489 Deren Organisation im Zusammenhang mit dem Aufbau der Gerichtsbarkeit untersucht werden soll.

ernannten. Die Republiken hatten keinen Einfluß auf die Ernennung und die Arbeit der Staatsanwaltschaft. Aufgabe der Staatsanwaltschaft war es, die Einhaltung der Gesetze durch Regierung, Verwaltung und Bürger zu überwachen. Zudem war sie berechtigt, Verwaltungsentscheidungen und rechtskräftige Gerichtsurteile anzugreifen[490]. Geringer war die Zentralisierung der Gerichtsbarkeit. Höchstes Gericht war das Oberste Gericht der FNRJ, das als Bundesgericht u.a. die Vereinbarkeit sämtlicher bereits ergangener Verwaltungs- und Gerichtsentscheidungen mit Bundesrecht überprüfen konnte. Die Kompetenz, die Gültigkeit oder Verfassungsmäßigkeit von Gesetzen zu überprüfen oder diese bindend auszulegen, war gemäß Art. 74 Abs. 4 und Abs. 5 Verf. 1946 dem Präsidium der Nationalversammlung vorbehalten.

c) Das Sezessionsrecht als Merkmal der Souveränität

Auch das in Art. 9 Verf. 1946 verankerte Selbstbestimmungs- und Sezessionsrecht ist kein Merkmal für die Souveränität der Gliedstaaten. Unter jugoslawischen Verfassungsrechtlern herrschte Einigkeit, daß ein solches Recht zur Loslösung nicht existierte, sondern nur deklaratorische Bedeutung hatte. Begründet wurde seine verfassungsrechtliche Verankerung mit einer Reminiszenz an die Vergangenheit, da das Selbstbestimmungsrecht der Ausgangspunkt für die Errichtung der jugoslawischen Föderation gewesen sei. Mit ihrem Zusammenschluß hätten die Menschen jedoch unwiderruflich auf ihr Recht zur Separation verzichtet[491].

Wenig Einfluß hatten die Republiken auch auf die Erfüllung der Bundesangelegenheiten. Die Volksvertretung bestand zwar wie die Verfassungsgebende Versammlung aus zwei Kammern, dem Bundesrat und dem Nationalitätenrat. In der Praxis hatte sie jedoch geringe Bedeutung. Einflußreicher war ihr Präsidium, das das Parlament während der Sitzungspausen vertrat, Funktionen eines Staatsoberhauptes wahrnahm und zur Normenkontrolle sowie zur verbindlichen Gesetzesinterpretation befugt war[492]. Bedeutung hatte auch die von der Volksvertretung ernannte Bundesregierung, die als höchstes Exekutiv- und Verwaltungsorgan insbesondere auf wirtschaftlichem Gebiet legislativ tätig war. In der Staatswirklichkeit der FVRJ wurde ihr Wesen und Funktionieren von der Dynamik der Kommunistischen Partei bestimmt. Auch wenn die Verfassung den Republiken Staatscharakter zusprach, kann damit der Bundesstaatscharakter der FVRJ durchaus angezweifelt werden.

---

490 Art. 124, 127 Verf. 1946.
491 Hondius, Yugoslav Community, S. 141 f.
492 Art. 74 Verf. 1946.

IV. Verfolgung der sog. Kollaborateure

Die Nachkriegszeit war in Jugoslawien durch die zahlreichen Verfahren gegen angebliche Kollaborateure gekennzeichnet.

1. Schaffung rechtsfreier Räume

Nach ihrer Machtübernahme begannen die Kommunisten auch unter der Zivilbevölkerung mit „Säuberungsaktionen", in denen politische Gegner, Mitglieder der Kirche und „Kapitalisten" verfolgt wurden. Die Verfolgung politisch Andersdenkender, die mit dem Gottscheer Prozeß im Jahr 1943 begonnen hatte, setzte sich nach Kriegsende in verstärktem Maße fort. Neben sog. „Gerichten der Volksehre", vor denen Angehörige der genannten Gruppen zwischen dem 5. Juni und dem 25. August 1945 mit dem Vorwurf konfrontiert wurden, die „Ehre des Volkes" beleidigt zu haben[493], fand eine Vielzahl von Gerichtsverfahren statt, in denen der gesamte politische Widerstand ausgeschaltet wurde.

Mit Beschluß des Präsidiums des AVNOJ vom 3. Februar 1945 wurden alle Gesetze, die die Besatzungsmächte erlassen hatten, für nichtig erklärt. Gesetze, die noch von der königlichen Regierung vor Kriegsbeginn erlassen worden waren, wurden aufgehoben, soweit sie in Widerspruch zu den Zielen des Volksbefreiungskampfes standen. Da neue Gesetze bis 1946 nicht erlassen wurden, herrschte ein gesetzliches Vakuum, das von den Kommunisten dazu genutzt wurde, Rachefeldzüge gegen persönliche Feinde und Gegner des Regimes zu beginnen. Diese wurden in Arbeitslager gesteckt oder inhaftiert. Volksgerichte wurden gebildet, deren Urteile sich ausschließlich an den Überzeugungen der Richter und den „Zielen des Volksbefreiungskampfes" orientierten[494]. So konnte es vorkommen, daß ein Fall so oft verhandelt wurde, bis das Urteil von den örtlichen Kommunisten akzeptiert wurde[495]. Das Ergebnis eines solchen Verfahrens war meist eine lange Freiheits- oder die Todesstrafe, verbunden mit der Konfiskation des Eigentums des Angeklagten. Bürger, die von den Besatzungsmächten inhaftiert worden waren, wurden der Kollaboration mit

---

493 Und die in der Regel mit Gefängnis- oder Todesstrafen, Vermögensentzug und dem Entzug der Bürgerrechte belegt wurden, Griesser-Pečar, Das zerrissene Volk, S. 536 ff.
494 Zalar, Yugoslav communism, S. 121.
495 Zalar, Yugoslav communism, S. 122.

dem Feind für schuldig befunden, wie jeder, der nicht auf seiten der Partisanen gekämpft hatte. Während des Kriegs und vor allem gegen dessen Ende ins Ausland geflohene, aber auch von den Deutschen deportierte und nicht zurückgekehrte Jugoslawen wurden enteignet und ihr Vermögen in Volkseigentum überführt[496].

Die jugoslawische Geheimpolizei, die aus den während des Kriegs gebildeten Sicherheitsdiensten[497] hervorging, trieb ebenfalls für den neuen Staat Vermögenswerte der Bürger ein, die – wenn sie sich weigerten – verhaftet wurden und häufig spurlos verschwanden. Das Bürgertum des Landes wurde eingeschüchtert, Intellektuelle wurden in Schauprozessen als angebliche Spione oder Kollaborateure zu langjährigen Haftstrafen verurteilt und entrechtet[498].

Die Vermögensverhältnisse wurden im August 1945 neu geordnet. Grundbesitz im Eigentum von Unternehmen, Kirchen und Großgrundbesitzern sowie von während des Kriegs verschwundenen Eigentümern wurde entschädigungslos in Volkseigentum überführt. Aufgrund eines bereits am 21. November 1944 veröffentlichten Erlasses wurden zudem alle Deutschen und mutmaßlichen Kollaborateure enteignet und ihnen die Bürgerrechte sowie die jugoslawische Staatsbürgerschaft aberkannt[499].

2. Zuständigkeit des befreiten Staates zur Aburteilung der während der Besatzungszeit begangenen Handlungen

Mit Beendigung des Kriegs am 8. Mai 1945 und der Räumung der besetzten Gebiete gingen das jugoslawische Staatsgebiet, Personen und Eigentum, die während des Kriegs unter die faktische Gewalt des Gegners geraten waren, wieder in den Hoheitsbereich des eigenen Staates über[500]. Der Gebietsherr des besetzten Gebietes kann nach Beendigung der Besetzung die von der Besatzungsmacht erlassenen Rechtsnormen aufheben, hat die Rechtswirkungen gesetzgeberischer und administrativer Akte sowie von Gerichtsurteilen jedoch anzuerkennen, soweit diese sich im Rahmen des völkerrechtlichen Besatzungsrechts gehalten haben[501].

Der Gebietsherr ist auch befugt, seine eigenen Staatsangehörigen wegen Kollaboration mit dem Feind oder anderer Verbrechen zu bestrafen. Die Strafbarkeit von

---

496 Zalar, Yugoslav communism, S. 123.
497 In Slowenien dem VOS, vgl. oben,Teil A Kap. IV 1. b) (2).
498 Zalar, Yugoslav communism, S. 126.
499 Griesser-Pečar, Das zerrissene Volk, S. 542 ff.; Suppan, Zwischen Adria und Karawanken, S. 416.
500 Stone, International conflicts, S. 641; Berber, Völkerrecht II, S. 114.
501 Kunz, Kriegsrecht, S. 91; Castrén, Law of War and Neutrality, S. 137.

Kollaboration mit dem Feind ist grundsätzlich eine Frage des innerstaatlichen Rechts und die Bestrafung und Verfolgung slowenischer Bürger daher auf Grundlage der innerstaatlichen Rechtsordnung Jugoslawiens zu beurteilen. Anerkannt ist, daß die Einwohner eines besetzten Gebietes dem vorübergehend seiner Gebietshoheit beraubten Souverän gegenüber des Verrates schuldig sein und auch deswegen bestraft werden können, wenn dieser das Staatsgebiet wieder einnimmt[502].

Bei der Beurteilung der Frage, ob die von den Kommunisten aufgrund des Schutzgesetzes vom 16. September 1941 bzw. ohne gesetzliche Grundlage nach Kriegsende vorgenommenen Verhaftungen und Verurteilungen wegen angeblicher Kollaboration mit dem Feind völkerrechtswidrig waren, muß unterschieden werden, ob die Bevölkerung rechtmäßige oder rechtswidrige Anordnungen der Besatzungsmächte befolgt bzw. freiwillig oder entschuldbar unter Druck gehandelt hat.

3. Strafausschließende Rechtfertigungsgründe des Besatzungsrechts

Der Vorwurf der Kollaboration darf insbesondere zu den durch die HLKO kodifizierten gewohnheitsrechtlichen Regeln des Besatzungsrechts nicht im Widerspruch stehen. Enthält dies eine Verpflichtung der Zivilbevölkerung zum Gehorsam gegenüber der Besatzungsmacht, kann ihr dieser Gehorsam nach Kriegsende nicht vorgeworfen werden.

a) „Kollaboration" als politischer Begriff

Der Begriff „Kollaboration" gehört nicht zum Wortschatz des Völkerrechts. Es handelt sich um einen politischen Begriff, der in seiner anfänglichen Verwendung keine ausgrenzende oder gar kriminalisierende Funktion hatte. Er findet seinen Ursprung im Treffen Hitler / Pétain am 24. Oktober 1940 und war zunächst Synonym für die politische Zusammenarbeit des sog. Vichy-Regimes mit der deutschen Besatzungsmacht. Die zur Zusammenarbeit mit der Besatzungsmacht bereite Regierung konnte sich im besetzten Gebiet größere Freiräume verschaffen und so die öffentliche Sicherheit und Ordnung weitgehend durch eigene Kräfte gewährleisten, was im Sinne der HLKO war. Den Kriegsgegnern kam die Zusammenarbeit mit der Besatzungsmacht allerdings ungelegen, da diese Streitkräfte frei einsetzen konnte, die andernfalls durch Besatzungsaufgaben gebunden waren.

---

502 McNair, LQR 1941, S. 37.

Erst im Laufe des Zweiten Weltkriegs verschob sich der Sinngehalt des Begriffs „Kollaboration" auf das verräterische oder eigennützige Zusammenwirken mit dem Feind. Als politischer Zweckbegriff in den Kategorien von „gut" und „böse" verdeutlichte sich in ihm die extreme Entgegensetzung zu den französischen Widerstandsgruppen („Résistance"). Nach Beendigung der Feindseligkeiten, teilweise noch während des Kriegs, kam es aufgrund des Vorwurfs der Kollaboration im Gefolge politischer „Säuberungen" in ganz Europa zu i.d.R. willkürlicher Verfolgung angeblicher Kollaborateure, einschließlich ihrer physischen Vernichtung ohne eine rechtsstaatlichen Anforderungen genügende gerichtliche Aburteilung. Die inhaltliche Offenheit des Begriffs „Kollaborateur" erleichterte seine politische Instrumentalisierung zur Ausschaltung politisch Andersdenkender.

b) Gehorsamspflicht der Bevölkerung

Nach dem Zweiten Weltkrieg wurde eine Gehorsamspflicht der Zivilbevölkerung gegenüber der Besatzungsmacht in der Literatur und von nationalen Gerichten z.T. unter Berufung auf die Vorschriften der Haager Landkriegsordnung abgelehnt. Diese, wurde angeführt, regelten nicht die Rechte und Pflichten der Zivilbevölkerung, sondern hätten ausschließlich den Zweck, die Gewaltausübung durch die Besatzungsmacht zu beschränken[503]. Auch der rechtliche Charakter der kriegerischen Besetzung wurde verneint, diese lediglich als eine faktische Ausübung von Gewalt betrachtet mit der Folge, daß die Haager Landkriegsordnung der Besatzungsmacht keine rechtliche Autorität verleihe[504]. Da die HLKO der Zivilbevölkerung Widerstand gegen die Besatzungsmacht nicht verbiete[505], waren vor allem niederländische Gerichte der Auffassung, daß sich niederländische Staatsangehörige einer Bestrafung wegen Unterstützung des Feindes nicht durch die Argumentation entziehen könnten, sie seien der Auffassung gewesen, den Achsenmächten aufgrund der Haager Landkriegsordnung Gehorsam zu schulden[506]. Eine Rechtfertigung ihres Handelns sei danach nur dann möglich, wenn der von der Besatzungsmacht ausgeübte Druck dem einzelnen Bürger keine andere Wahl als die Erfüllung der ihm auferlegten Pflichten gelassen habe[507].

---

503 Morgenstern, BYIL 28 (1951), S. 292.
504 Morgenstern, BYIL 28 (1951), S. 294.
505 Baxter, BYIL 27 (1950), S. 266.
506 Siehe die zitierten Gerichtsurteile bei Morgenstern, BYIL 28 (1951), S. 292, Fn. 1–3.
507 Morgenstern, BYIL 28 (1951), S. 295.

Sowohl die h.M. in der Literatur[508] als auch die Staatenpraxis[509] befürwortete hingegen eine Gehorsamspflicht mit der Begründung, den der Besatzungsmacht in Art. 43 HLKO auferlegten Rechten und Pflichten zum Schutz der Zivilbevölkerung[510] müsse die Verpflichtung der Bevölkerung zur Befolgung rechtmäßiger Anordnungen gegenüberstehen[511]. Ergänzend wurde die Gehorsamspflicht der Zivilbevölkerung entweder aus dem innerstaatlichen Recht des besetzten Staates[512] oder der Gesetzgebungsbefugnis der Besatzungsmacht hergeleitet[513]. Unstreitig sei, daß das Völkerrecht es der Besatzungsmacht erlaube, Widerstand und Ungehorsam aufgrund des bislang geltenden innerstaatlichen Rechts zu bestrafen und der Zivilbevölkerung des besetzten Staates zudem in begrenztem Umfang neue Pflichten aufzuerlegen. Die Pflichten der Zivilbevölkerung würden folglich „umschrieben" vom Recht des verdrängten Staates, das in Teilen und begrenzt durch Völkerrecht vom Recht des Besatzungsstaates ersetzt werde[514]. Begründet wird die Gehorsamspflicht schließlich mit der Annahme eines sozialen bzw. moralischen Vertrages, der die Bevölkerung als Gegenleistung für den Schutz durch die Besatzungsmacht zum Gehorsam verpflichte[515]. Letztlich habe die Bevölkerung trotz der Besatzungssituation ein Interesse an der Aufrechterhaltung von Recht und Ordnung und billige daher die rechtmäßigen Maßnahmen der Besatzungsmacht durch deren Beachtung[516].

c) „Kriegsverrat" und „Kriegsrebellion" als massiver Verstoß
   gegen die Gehorsamspflicht

(1) Kriegsverrat
Der Begriff Kriegsverrat („war treason") ist äußerst vielschichtig. Er bezeichnet die Vornahme kriegerischer Handlungen durch Personen, die nicht zu den legitimen (pri-

---

508 Hyde, International Law Vol. III, S. 1898; Hall, International Law, S. 571, der annimmt, daß die Zivilbevölkerung keine Pflicht zum Widerstand hat; Verdross, Völkerrecht, S. 464.
509 Siehe Nachweis bei Baxter, BYIL 27 (1950), S. 240.
510 Morgenstern, BYIL 28 (1951), S. 295.
511 Kunz, Kriegsrecht, S. 91.
512 Baxter, BYIL 27 (1950), S. 242; Stone, International conflicts, S. 723.
513 Oppenheim/Lauterpacht, International Law, Vol. II, S. 439; Stone, International conflicts, S. 723; Morgenstern, BYIL 28 (1951), S. 296.
514 Stone, International conflicts, S. 724.
515 Baxter, BYIL 27 (1950), S. 240; Stone, International conflicts, S. 725.
516 Stone, International conflicts, S. 725 m.w.N.

vilegierten) Kombattanten[517] zählen[518]. Der Begriff „kriegerische Handlungen" ist dabei denkbar weit zu verstehen und erfaßt insbesondere auch die Weitergabe kriegswichtiger Informationen an den Feind. Die Illegalität des Kriegsverrats besteht in dem dadurch herbeigeführten Treuebruch. Auch die Zivilbevölkerung des besetzten Gebietes konnte nach der ursprünglichen Vorstellung vom Treueverhältnis zwischen Besatzungsmacht und Bevölkerung des besetzten Gebietes einen solchen Treuebruch gegenüber der Besatzungsmacht begehen. Die Verabschiedung des Treuegedankens aus dem Rechtsverhältnis zwischen Besatzungsmacht und Zivilbevölkerung änderte nichts Grundlegendes an der Konzeption des „Kriegsverrats". Die Terminologie war allerdings insoweit irreführend, als es nun nicht mehr entscheidend auf ein Treueverhältnis ankam, an dem „Verrat" begangen wurde, sondern auf einen Verstoß gegen die Gehorsamspflicht der Bevölkerung, die auch und gerade im Interesse der Bevölkerung an der Aufrechterhaltung der öffentlichen Sicherheit und Ordnung besteht.

(2) Kriegsrebellion
Weitgehend parallel zum Begriff des „Kriegsverrats" entwickelte sich der Begriff „Kriegsrebellion" ("war rebellion"). Erfaßt werden davon insbesondere gegen die Besatzungsmacht mit Waffengewalt agierende Partisanen und sonstige Guerillagruppen. Die ganz überwiegende Zahl der gegen die deutsche Besatzungsmacht auftretenden Widerstandsgruppen in Europa gehörte zu den illegitimen Kombattanten, weil sie die an den legitimen Kombattantenstatus zu stellenden Anforderungen nicht erfüllten[519]. Das Völkerrecht vermittelte ihnen kein Recht zum Widerstand; auch aus der Treuepflicht gegenüber dem eigenen Staat resultierte keine derartige Befugnis, da diese Pflicht nur verlangt, keine treuewidrigen Akte gegen den eigenen Staat vorzunehmen, aber keine Verpflichtung zum bewaffneten Widerstand begründet. Die der Besatzungsmacht obliegende Verpflichtung zur Sicherung der öffentlichen Ordnung konkretisiert die reziproke Gehorsamspflicht der Bevölkerung des besetzten Gebietes vielmehr dahin, derartige illegale Handlungen zu unterlassen.

Dem patriotischen Bedürfnis der Bevölkerung trug das Völkerrecht allerdings insoweit Rechnung, als die sog. levée en masse nach Art. 2 HLKO zugelassen wird. Nach erfolgter und effektiver Besetzung, verbunden mit einer umfassenden Aus-

---

517 Zur Abgrenzung legitimer und illegitimer Kombattanten, vgl. oben, Teil A Kap. II 4. a).
518 Vgl. den Entwurf des Institut de Droit International (Oxford Meeting 1880), wonach "individuals who commit acts of hostility against the occupying authority are punishable"; gleiches sollte für diejenigen gelten, die den Befehlen der Besatzungsgewalt nicht Folge leisteten. Vgl. Annuaire de l'Institut de Droit International 5 (1881/82), S. 167.
519 Vgl. dazu oben, Teil A Kap. II 4. a).

übung von Herrschaftsgewalt auf dem besetzten Gebiet, sind die Voraussetzungen einer levée en masse nicht mehr gegeben, so daß auch diese Möglichkeit zur Rechtfertigung einer Kriegsrebellion ausscheidet.

(3) Gehorsamspflicht gegenüber der Besatzungsmacht
Die Gehorsamspflicht gegenüber den Besatzungsmächten rechtfertigte im Nachkriegsjugoslawien das Verhalten nicht nur der Zivilbevölkerung, sondern auch von Verwaltung, Kirche und Selbstschutzorganisationen. Unabhängig vom Rechtsverhältnis zwischen jugoslawischem Staat und Heiligem Stuhl, das in diesem Zusammenhang wegen des Fehlens von Konkordaten keiner weiteren Erörterung bedarf, handelte es sich bei den slowenischen Geistlichen um im besetzten Gebiet lebende Bürger. Als solche waren sie der „gesetzmäßigen Gewalt" der Besatzungsmächte unterworfen und, wie die gesamte Zivilbevölkerung, diesen gegenüber zum Gehorsam verpflichtet. Sowohl die tatsächlich von Bischof Rožman verfaßte Loyalitätserklärung als auch sein Aufruf an die Gläubigen, Ruhe und Ordnung zu bewahren, standen in Einklang mit dem völkerrechtlich verankerten Besatzungsrecht und vermögen den Vorwurf der Kollaboration nicht zu begründen. Gleiches gilt z.B. für das Lesen der Messe anläßlich der Vereidigung der Landeswehr, da Rožman bei dieser Gelegenheit seinen seelsorgerischen Auftrag wahrnahm und nicht in vorwerfbarer Weise mit den Besatzungsmächten zusammenarbeitete.

Aus der festgestellten Gehorsamspflicht gegenüber der Besatzungsmacht folgt insbesondere, daß die Slowenen bzw. die Angehörigen der slowenischen Organisationen und Kirche verpflichtet waren, der Besatzungsmacht bei ihrer Aufgabe, den Schutz der Bevölkerung zu gewährleisten, zu unterstützen und deren Anweisungen Folge zu leisten. Anderslautende Aufforderungen durch die Kommunisten waren rechtlich unverbindlich und völkerrechtswidrig. An diesem Ergebnis ändern auch die Eingliederung der Landeswehr in den deutschen Polizeiapparat und deren Vereidigung nichts. Unabhängig von der Frage, ob diese Eingliederung eine Völkerrechtsverletzung durch Deutschland darstellt, handelte es sich bei dem geleisteten Eid nicht um einen Treueeid, sondern um einen Eid, der Gehorsam ausdrücken und die Zusammenarbeit mit der Besatzungsmacht bei der Aufrechterhaltung der öffentlichen Sicherheit und Ordnung dokumentieren sollte.

d) Strafausschließende force majeure

Soweit, wie oben dargestellt, die Besatzungsmächte ihre ihnen durch Besatzungsrecht verliehenen Kompetenzen überschritten haben, waren die erlassenen Normen rechtswidrig und bestand keine Gehorsamspflicht der Bevölkerung. In diesen Fällen kann deren Straffreiheit aber aus dem auch im Völkerrecht anerkannten Grundsatz der Höheren Gewalt (force majeure) resultieren. „Force majeure" bedeutet das Eintreten eines unüberwindbaren Ereignisses, das es dem handelnden Staat oder Individuum unmöglich macht, sich dem geltenden Recht entsprechend zu verhalten[520].

Daß dieser Grundsatz die Befolgung rechtswidriger Anordnungen der Besatzungsmacht rechtfertigt, haben nach dem Krieg einzelne nationale Gerichte bereits anerkannt[521]. Darüber hinaus wurde die völkerrechtliche Geltung dieses Rechtfertigungsgrundes nach dem Krieg in den Kriegsverbrecherprozessen bestätigt[522], in denen entschieden wurde, daß Soldaten, die nicht aus eigenem Antrieb Kriegsverbrechen, z.B. Plünderungen begangen, sondern auf Befehl eines Vorgesetzten gehandelt hatten, straffrei blieben, wenn Widerstand gegen Befehle faktisch unmöglich gewesen war[523]. Sofern danach unter dem Zwang der Besatzungsmächte Richter deutsche Gesetze angewendet, Beamte nach Besatzungsrecht unzulässige Verordnungen ausgeführt oder zivile Personen auf Druck Arbeiten verrichtet hatten, die einer Unterstützung der Besatzungsmacht gleichkamen, war ihr Verhalten unter dem Grundsatz der Höheren Gewalt gerechtfertigt.

e) Strafausschließendes Notwehrrecht

Einen weiteren im Völkerrecht anerkannten Rechtsgrundsatz stellt des Prinzip der Selbsterhaltung, das auch das Notrecht, das Recht der Selbstverteidigung und das Recht der Selbsthilfe einschließt, dar[524]. Droht danach den Lebensinteressen eines Menschen, seinem Dasein und seiner Entwicklungsmöglichkeit durch einen verbotenen Angriff Gefahr, so darf er sich dadurch schützen, daß er diesen Angriff abwehrt, wobei er das zur Abwehr verhältnismäßig mildeste Mittel anwenden muß[525].

Unstreitig ist, daß die Angriffe der Partisanen, aber auch des Sicherheits- und Nachrichtendienstes VOS, solche das Notwehrrecht auslösende Angriffe auf die rechtlich geschützten Interessen der Bevölkerung, ihr Leben, ihre Gesundheit, ihr Eigentum und ihre Freiheit waren. Insbesondere die Aktionen des VOS, also Über-

---

520 Ipsen, in: Ipsen, Völkerrecht, § 40, Rn. 61, S. 654.
521 S.o. Teil B Kap. IV 3. a).
522 Urteil des Nürnberger Kriegsverbrechertribunals, AJIL 41 (1947), S. 221; Wright, AJIL 39 (1945), S. 257.
523 Verdross, Völkerrecht, S. 219.
524 Von Liszt/Fleischmann, Das Völkerrecht, S. 285.
525 Anzilotti, Völkerrecht I, S. 395.

griffe einer nicht staatlichen Organisation, hatten keine rechtliche Grundlage und sind im Ergebnis als völkerrechtswidrige Terrorakte zu werten, durch die die Bevölkerung eingeschüchtert und die Ziele des Klassenkampfes durchgesetzt werden sollten. Diese war folglich ohne weiteres befugt, sich durch die Aufstellung von Selbstschutzverbänden zu schützen und gegen die rechtswidrigen Angriffe der Kommunisten zu verteidigen.

V.   Behandlung geschützter Personen

Im Rahmen dieser Arbeit muß schließlich völkerrechtlich bewertet werden, ob die Rücksendung bzw. Auslieferung zahlreicher sich in Kärnten aufhaltender anti-kommunistischer Widerstandskämpfer und Zivilisten durch die Briten an die Kommunisten dem Völkerrecht entsprach.

1.   Begriff völkerrechtlich geschützter Personen

Grundsätzlich sind Einzelmenschen keine Völkerrechtssubjekte mit der Folge, daß ihnen weder Rechte noch Pflichten zukommen. Vereinzelt sind sie aber als Angehörige einer bestimmten Gruppe durch Völkergewohnheitsrecht oder völkerrechtliche Verträge geschützt.

2.   Geschützte Personengruppen

a)   Kriegsgefangene

Mit seiner Unterscheidung zwischen legalen und illegalen Kombattanten bzw. Kombattanten und Nichtkombattanten schafft auch das Kriegsrecht Gruppen, die je nach ihrer Stellung unterschiedlichen Schutz erfahren. Eine dieser Gruppe sind Kriegsgefangene, d.h. in die Hand des Gegners gefallene Kämpfer. Nach der Genfer Konvention zum Schutz der Kriegsgefangenen aus dem Jahr 1949, die das während des Zweiten Weltkriegs geltende Völkergewohnheitsrecht wiedergibt und weitgehend das im Zweiten Weltkrieg geltende Genfer Abkommen vom 27. Juli 1929 über die Behandlung der Kriegsgefangenen bestätigt, fallen unter diesen Begriff nicht nur die Mitglieder der bewaffneten Truppen eines Staates, sondern auch Mitglieder oder ehemalige Mitglieder der kämpfenden Truppen, die in einem neutralen Staat oder in einem nicht kämpfenden Staat interniert werden sowie die Angehörigen von Bürgerkriegsparteien[526].

Fraglich ist, ob es sich bei den Angehörigen der slowenischen Orts- und Landeswehren bzw. der Tschetniks um Personen handelte, die einen Anspruch auf Behand-

---
526   Stone, International conflicts, S. 655.

lung als Kriegsgefangene hatten. Für die Angehörigen der Orts- und Landeswehren ist dies zu verneinen, solange sie sich nicht am militärischen Kampf beteiligten, sondern nur Schutzfunktionen der Zivilbevölkerung gegenüber wahrnahmen. Etwas anderes ergibt sich für die Angehörigen von Landeswehren, die ihrer Organisation und Ausstattung nach die Kombattanteneigenschaft hatten und sich an Kriegshandlungen beteiligten. Trotz des Kriegführenden auferlegten Verbotes, Angehörige des Gegners in seinen Dienst zu zwingen, ist es ihnen nicht verboten, Angehörige des Gegners in seine Streitmacht zu nehmen, wenn sie freiwillig dazu bereit sind. Fällt aber solch ein Überläufer in die Hand seines eigenen Staates, so kann er, obwohl Angehöriger eines legalen Kombattantenkorps, von diesem nach seinem eigenen Recht zur Verantwortung gezogen werden und genießt keinen völkerrechtlichen Schutz[527].

Es wurde bereits dargelegt, daß die in Jugoslawien bzw. Slowenien agierenden Orts- und Landeswehren mehrheitlich nicht als legale Kombattanten bewertet werden können. Soweit für einzelne Gruppierungen etwas anderes galt, weil sie den Anforderung der HLKO entsprachen, genossen sie einen privilegierten völkerrechtlichen Status, der ihnen vor allem einen Rechtsanspruch gegen die Gewahrsamsmacht auf Einhaltung der Genfer Konvention von 1929 einräumte. Die Gewahrsamsmacht war verpflichtet, während der Zeit der Kriegsgefangenschaft Kriegsgefangene human zu behandeln[528] und sie nach Beendigung des Kriegs so schnell wie möglich in ihren Heimatstaat zurückzuführen, Art. 20 HLKO[529].

b) Flüchtlinge

Bezüglich aller Personen, die nicht unter den Begriff des Kriegsgefangenen fielen, sowie der Zivilbevölkerung, die unter falschem Vorwand in die Viehwaggons verladen und an die Partisanen ausgeliefert wurden, stellt sich die Frage, ob eine gewohnheitsrechtlich oder vertraglich begründete Pflicht der Briten zum Schutz ziviler Flüchtlinge bzw. ein Auslieferungsverbot existierte.

Der Begriff des Flüchtlings umfaßt Menschen, die aus wohlbegründeter Furcht vor Verfolgung aus Gründen der Rasse, Religion, Nationalität oder der politischen Überzeugung sich außerhalb des Landes ihrer Nationalität befinden und dessen Schutz nicht in Anspruch nehmen können[530]. Seit der russischen Revolution 1917

---

527 Oppenheim/Lauterpacht, International Law, Vol. II, S. 268.
528 Stone, International conflicts, S. 655.
529 Zur Frage der Repatriierung von Kriegsgefangenen gegen deren Willen s. unten, Teil B Kap. V 3. a).
530 Holborn, AJIL 32 (1938), S. 680; Jennings, BYIL 20 (1939), S. 99; Rotholz, Flüchtlinge, in: Strupp/Schlochauer, WV I, S. 536.

bemühte sich die internationale Staatengemeinschaft um den Schutz von Flüchtlingen und Staatenlosen[531], wobei sich diese Bemühungen anfangs in der Annahme, es handele sich um ein nur temporäres Problem, nur auf einzelne Flüchtlingsgruppen bezogen[532].

Die erste geschützte Gruppe waren die der sog. „Nansen-Flüchtlinge"[533], die aus den durch Abkommen aus den Jahren 1922, 1924, 1926 und 1928 geschützten Gruppen der Russen, Armenier, Assyrier, Syrer und Türken bestanden[534]. Im Jahr 1933 wurde das erste die Unterzeichner bindende Abkommen betreffend den internationalen Status der Flüchtlinge geschlossen, das Fragen ihrer Zulassung, ihres Aufenthaltes, ihrer Bewegungsfreiheit und ihrer Freizügigkeit regelte[535] und zu dem das Vereinigte Königreich zahlreiche Vorbehalte machte[536]. Ebenfalls im Jahr 1933 ernannte der Völkerbund einen Hohen Kommissar für Flüchtlinge aus Deutschland, dessen Aufgabenbereich im Jahr 1938 auf österreichische Flüchtlinge erweitert wurde. Im gleichen Jahr schuf der Völkerbund unter Zusammenfassung der bisherigen Organisationsformen das Amt des Hohen Kommissars für Flüchtlinge unter dem Schutz des Völkerbundes und ein auf der Konferenz von Evian ins Leben gerufenes zwischenstaatliches Flüchtlingskomitee, das von 1943 bis 1947 für alle Personen zuständig war, die infolge der Kriegsereignisse gezwungen waren, ihren Wohnsitz wegen Gefahr für Leben und Freiheit zu verlassen oder denen wegen ihrer Rasse, Religion oder ihrer politischen Überzeugung Gefahr drohte[537].

3. Völkerrechtliche Haftung Großbritanniens

a) Repatriierung von Kriegsgefangenen

Nicht zum ersten Mal, aber vor allem nach dem Zweiten Weltkrieg und dem Korea-Krieg 1951 kam das Problem auf, daß sich Kriegsgefangene weigerten, in ihre Heimat zurückzukehren, weil sie dort Verfolgung befürchteten[538]. Weder die Haager Landkriegsordnung noch die Genfer Konvention zur Behandlung von Kriegsgefan-

---

531 Rotholz, Flüchtlinge, in: Strupp/Schlochauer, WV I, S. 537; Holborn, AJIL 32 (1938), S. 682 f.
532 Jennings, BYIL 20 (1939), S. 99.
533 So benannt nach dem Hohen Kommissar für Flüchtlinge, Fridtjof Nansen.
534 Holborn, AJIL 32 (1938), S. 686; Jennings, BYIL 20 (1939), S. 100.
535 Jennings, BYIL 20 (1939), S. 100; Rotholz, Flüchtlinge, in: Strupp/Schlochauer, WV I, S. 537.
536 Jennings, BYIL 20 (1939), S. 105.
537 Rotholz, Flüchtlinge, in: Strupp/Schlochauer, WV I, S. 537.
538 Schapiro, BYIL 29 (1952), 310 ff.

genen 1929 regeln die Frage, ob Kriegsgefangene gegen ihren Willen repatriiert werden dürfen[539]. Gegen eine solche Repatriierungspflicht wurde angeführt, daß der Gewahrsamsstaat keine Verwahrungspflicht gegenüber dem Heimatstaat habe. Zudem bestehe die Repatriierungspflicht nur zum Schutz Kriegsgefangener, nicht aber gegen ihren erklärten Willen oder zu ihrem Nachteil, so daß die Staatenpraxis ab diesem Zeitpunkt dazu überging, Kriegsgefangene nur mit deren Einverständnis zu repatriieren[540]. Es wurde allerdings immer dafür plädiert, diese Ausnahmen von der Heimsendungspflicht eng auszulegen und sie nur im Einzelfall, bei konkreter Gefährdung und einer nicht in Übereinstimmung mit den Menschenrechten stehenden Behandlung bei der Heimkehr, zu gewähren[541].

Aber auch die restriktive Handhabung der Ausnahme von der Heimsendungspflicht des Gewahrsamsstaates sollte letztlich nur den Kriegsgefangenen schützen. Der Gewahrsamsmacht sollte die Möglichkeit genommen werden, auf Kriegsgefangene – ideologisch motiviert – mit dem Ziel einzuwirken, auf ihre Heimsendung „zwangsfreiwillig" zu verzichten. Die in Art. 7 der III. Genfer Konvention festgelegte Unverzichtbarkeit der Rechte des Kriegsgefangenen bleibt von der Nicht-Heimsendung unberührt, da der freigelassene Kriegsgefangene nicht auf die Heimsendung verzichtet, sondern nur von diesem Recht keinen Gebrauch macht[542].

Zumindest durfte Großbritannien nur unter Beachtung des menschenrechtlichen Mindeststandards[543] bzw. der Voraussetzungen, die an eine Ausweisung gestellt werden, die Kriegsgefangenen gegen ihren Willen repatriieren. Allgemein anerkannt ist, daß sowohl die Auslieferung[544], d.h. die förmliche Übergabe eines von der Strafjustiz eines anderen Staates begehrten Individuums durch den Aufenthaltsstaat zum Zweck der Strafvollstreckung oder Strafverfolgung[545], als auch die Ausweisung[546] nur unter gewissen Voraussetzungen erfolgen dürfen, die eine menschliche Behandlung der

---

539 Castrén, Law of War and Neutrality, S. 165; von der Heydte, Völkerrecht II, S. 371.
540 Castrén, Law of War and Neutrality, S. 165; Ausgangspunkt der Entwicklung war die Überzeugung, daß Deserteure, die in die Streitkräfte des Gegners eingegliedert worden waren, aus Gründen der Menschlichkeit nicht in ihr Heimatland überstellt werden sollten; s. Schapiro, BYIL 29 (1952), S. 310 ff.
541 Baxter, BYIL 30 (1953), S. 489 ff.; Stone, International conflicts, S. 680 ff.
542 Berber, Völkerrecht II, S. 154.
543 S. dazu unten, Teil B Kap. VI 3. a).
544 Eine Rechtshilfemaßnahme im Interesse des fremden Staates, der die Auslieferung verlangt, Dahm, Völkerrecht I, S. 531.
545 Berber, Völkerrecht I, S. 417.
546 Das auf dem Völkerrecht selbst beruhende Recht eines Staates, im Interesse der Selbsterhaltung Ausländer gegen ihren Willen zum Verlassen des Aufenthaltsstaates zu zwingen, Berber, Völkerrecht I, S. 411.

V. Behandlung geschützter Personen   125

Betroffenen im Empfangsstaat gewährleisten. Ist ein Zurückgeführter einer unmenschlichen Behandlung durch den Aufnahmestaat oder einer nicht gerechtfertigten Gefährdung von Leben und Freiheit ausgesetzt, darf danach eine Ausweisung oder Auslieferung nicht erfolgen. Die Auslieferungsmaßnahme selbst muß rücksichtsvoll durchgeführt und Demütigungen, gesundheitliche Schäden und unnötige Härten müssen vermieden werden. Für politische Flüchtlinge gilt zudem ein generelles Auslieferungsverbot[547].

b) Übergabe von Flüchtlingen

Ein allgemeines Verbot der Auslieferung von Flüchtlingen bestand – trotz der vorstehend aufgezeigten Bemühungen der Staaten um den Schutz der Flüchtlinge – 1945 noch nicht. Dem Rückführungsermessen war allerdings durch das allgemeine Fremdenrecht und die Pflicht zur Respektierung der Menschenrechte Grenzen gezogen[548]. Großbritannien war daher aufgrund des menschenrechtlichen Mindeststandards und der bereits dargestellten Grundsätze über die Auslieferung, Ausweisung und Überstellung von Individuen verpflichtet, von der Übergabe der zivilen Flüchtlinge an Jugoslawien abzusehen.

c) Rechtfertigungsversuch

Großbritannien war nicht die einzige Gewahrsamsmacht, die nach dem Zweiten Weltkrieg Kriegsgefangene, Flüchtlinge oder "displaced persons" an ihre Heimatstaaten überstellte, ohne irgendwelche Garantien für die menschliche Behandlung der Betroffenen zu fordern oder zu erhalten. Die Verschiebung ganzer Personengruppen zwischen den Siegermächten war gängige Praxis und führte nach dem Ende der Kampfhandlungen zu neuem Leid und unkontrollierten Racheakten.

Entgegen einer weitverbreiteten Meinung finden die Maßnahmen der Siegermächte keine Rechtsgrundlage im sog. Potsdamer Abkommen. Beim „Potsdamer Abkommen" handelte es sich *nicht* um ein allgemein verbindliches Rechtsdokument, sondern lediglich um eine Verlautbarung über die Konferenz von Potsdam (17. Juli 1945–2. August 1945)[549]. Die Konferenzbeschlüsse dokumentieren weder die unter gesitteten Völkern feststehenden Gebräuche, noch die Gesetze der Mensch-

---

547 Dahm, Völkerrecht I, S. 530; von Liszt/Fleischmann, Das Völkerrecht, S. 355.
548 Dahm, Völkerrecht I, S. 537.
549 Amtlicher Text: Amtsblatt des Kontrollrates in Deutschland, 1945, Ergänzungsheft, S. 13.

lichkeit, noch die Forderungen des öffentlichen Gewissens; sie sind Ausdruck des *vae victis* und generell nicht geeignet, Rechtsmaßstäbe für die Behandlung jugoslawischer Bürger durch den reorganisierten jugoslawischen Staat zu liefern. Abschnitt XIII. der Verlautbarung über die Konferenz von Potsdam trägt die Überschrift „Ordnungsgemäße Überführung deutscher Bevölkerungsteile"[550]; von der Überführung anderer Bevölkerungsgruppen ist nicht die Rede. Sie wurde durch keine internationale Abmachung gestattet und ist – wie z.B. die Deportation von 165.000 Südosteuropäern nach Russland[551] – eine Konzession der kriegsmüden Westmächte an die Sowjetunion und zeugt von einer Handlungsweise äußerster Gleichgültigkeit.

Da 1945 eine ausdrückliche völkervertragliche Regelung fehlte, beriefen sich die für den Transfer Verantwortlichen meist darauf, daß das Genfer Abkommen vom 27. Juli 1929 über die Behandlung der Kriegsgefangenen keine Vorschriften über die Übergabe von Kriegsgefangenen zwischen den Alliierten enthielt. Die Völkerrechtsberater der amerikanischen Armee wiesen in diesem Zusammenhang immer wieder darauf hin, daß sich der Gewahrsamsstaat seiner Garantenstellung gegenüber dem Kriegsgefangenen nicht durch Übergabe an einen Alliierten entledigen könne[552]. Unbestritten ist, daß die Nichtregelung einer Frage in der Genfer Konvention nicht die Folge haben kann, daß die Gewahrsamsmächte nach Belieben verfahren dürfen. Hier gewinnt die eingangs erwähnte Martenssche Klausel ihre Bedeutung. In jeder Phase des *ius in bello* bleiben die Kriegsparteien den Gesetzen der Menschlichkeit verpflichtet. Dies ist auch immer von der britischen Völkerrechtslehre anerkannt worden, die die Rückführung von Deserteuren[553], die in eine fremde Streitmacht eingegliedert worden waren, aus Gründen des guten Glaubens und der Menschlichkeit untersagte[554].

---

550 Angesichts der Vertreibung von 15 Millionen Deutschen und Volksdeutschen mit Millionen Opfern stimmen die hauptverantwortlichen Siegermächte darin überein, „dass jede derartige Überführung, die stattfinden wird, in ordnungsgemäßer und humaner Weise erfolgen soll".
551 Vgl. z.B. Zach/Zach, Südosteuropäische Vierteljahresblätter 44 (1995)/1, S. 5 ff.
552 Vgl. Col. A. King, Chief, War Plans Division, „Memorandum for the Judge Advocate General ...", "Subject: Transfer of prisoners of war to an ally", o.D.; RG 165 ABC 1942–1948, 383.6 (6–19–42) Sec. 1–A: "However it is doubtful if such a transfer would relieve the transferor power of its liability to the country in whose army the prisoners served for observance with respect to them of the provisions of the Geneva convention and other requirements of international law" (zitiert nach Schöbener, Die amerikanische Besatzungspolitik und das Völkerrecht, S. 499).
553 In einer vergleichbaren rechtlichen Lage befinden sich die sog. Kollaborateure.
554 Vgl. Schapiro, BYIL 29 (1952), S. 323 f.: "In any war in which the ideological element enters, the appeal to the enemy's soldiers to desert is a powerful and lawful means of warfare, and belligerents are unlikely to forgo it in the future. According to common practice the status of such deserters will often be assimilated to that of prisoners during hostilities. However, to repatriate them against their will at the end of hostilities would be both an act of bad faith and an act of inhumanity, and one which customary international law does not require of a belligerent."

VI. Verletzung des menschenrechtlichen Mindeststandards

Im Zusammenhang mit dem Großbritannien als Gewahrsamsmacht treffenden Überstellungs- bzw. Rückführungsverbot wurde bereits auf den 1945 geltenden menschenrechtlichen Mindeststandard Bezug genommen. Dieser muß abschließend im Hinblick auf die 1945/46 im kommunistischen Jugoslawien getroffenen Maßnahmen beleuchtet werden.

1. Begriff und Entwicklung der Menschenrechte bis zu Beginn des Zweiten Weltkriegs

a) Begriff

Der Begriff der Menschenrechte beinhaltet die Frage nach dem Wesen des Menschen und dem Inhalt der Menschenwürde. Eine umfassendere Auseinandersetzung mit dieser Frage bzw. den zu ihrer Lösung entwickelten Theorien würde den Rahmen dieser Arbeit jedoch sprengen.

Menschenrechte sind Rechte des Menschen, die ihm aufgrund seines Mensch-Seins zustehen, Rechte also, die nicht der Staat dem Menschen „verleiht", sondern die – weil der Mensch historisch vor dem Staat existiert – ihm als vorstaatlich gegeben sind und die der Staat lediglich positivieren, konkretisieren und schützen kann[555]. Bei der Prüfung der Frage, ob zu Ende des Zweiten Weltkriegs ein allseits verbindlicher menschenrechtlicher Mindeststandard existierte, sind drei Epochen zu unterscheiden: das geistesgeschichtliche Vorfeld, die Phase der positivierten, ausschließlich durch den Staat gewährleisteten Menschenrechte und die Phase des internationalen Menschenrechtsschutzes.

b) Entwicklung

Das geistige Fundament des Menschenrechtsgedankens, das Postulat der Sonderstellung des Menschen gegenüber der Natur und seiner Freiheit gegenüber weltlicher Macht aufgrund des „direkten" Unterstelltseins unter die Gewalt (eines) Gottes

---
555 Friesenhahn, Menschenrechte, in: Strupp/Schlochauer, WV II, S. 504.

findet man bereits in der Antike[556]. Durch die Jahrhunderte entwickelte sich daraus unter Einfluß des Christentums auch die Vorstellung von Würde, Gleichheit und Gewissensfreiheit des Menschen[557] sowie davon, daß staatliche Macht sich dem „Recht der Menschen" unterzuordnen habe. Auch Locke und Rousseau gehen davon aus, daß der Mensch von Natur aus frei ist und seine Rechte unveräußerbar sind, woran auch der Zusammenschluß zum Staatsverband nichts ändert, weil die Menschen auch in diesem einen Grundbestand unveräußerlicher Rechte behalten.

Mit dieser Idee der Freiheitsrechte, beruhend auf der unveräußerlichen Würde des Menschen sowie dem Postulat eines gewaltenteiligen Verfassungsstaates, der für den Bürger da ist, war die philosophische Basis für die Menschenrechtserklärungen des späten 18. Jahrhunderts gebildet, deren gesellschaftlich-historische Grundlage das Zerbrechen mittelalterlich-feudaler Herrschaftsstrukturen und das Aufkommen kapitalistischen Wirtschaftens im Zuge der „industriellen Revolution" war.

Mit der Magna Charta (1215)[558] wurde in einem Staat erstmals die persönliche Freiheit anerkannt und eine Entscheidung zugunsten des Rechtsstaatsprinzips getroffen[559]. Eine weitere Positivierung erfuhren die Menschenrechte in der Habeas-Corpus-Akte (1679), der Bill of Rights (1689) sowie vor allem in der Bill of Rights des Staates Virginia (1776), der Unabhängigkeitserklärung der Vereinigten Staaten von Amerika und der französischen Erklärung der Menschen- und Bürgerrechte (1789)[560]. Allen Dokumenten gemeinsam waren die darin geäußerten Auffassungen von der natürlichen Gleichheit aller Menschen und deren unveräußerlichen Rechten auf Leben, Freiheit und Streben nach Glück, deren Sicherung die Regierungen zu dienen hätten. In vielen europäischen Verfassungen wurden diese Rechte zu verfassungsmäßig garantierten Grundrechten[561]. Nach dem Ersten Weltkrieg setzte – bedingt durch die Hinwendung zum totalen Staat – ein deutlicher Verfall der Menschenrechtsidee ein, der im Nationalsozialismus gipfelte[562].

---

556 Hertz, FW 48 (1948), S. 39 ff.; Oestreich, Geschichte der Menschenrechte, S. 15 f.
557 Khol, Der Menschenrechtskatalog der Völkergemeinschaft, S. 40.
558 Umstritten ist, ob die Geschichte der positivierten Menschenrechte auch mit der Magna Charta beginnt; dagegen Mandelstam, ZaöRV 2 (1931), S. 335, der diese als lediglich politischen Akt bewertet.
559 Kriele, Zur Geschichte der Grund- und Menschenrechte, S. 205; Ermacora, Menschenrechte, S. 84.
560 Mandelstam, ZaöRV 2 (1931), S. 336.
561 Ermacora, Menschenrechte, S. 103.
562 Ermacora, Menschenrechte, S. 276.

2. Verwirklichung der Menschenrechte als unveräußerliches alliiertes Kriegsziel

a) Erklärung der Vier Freiheiten

Auch wenn Ende des 18. und im 19. Jahrhundert bereits einige Teilbereiche des Menschenrechtsschutzes, u.a. die Beseitigung des Sklavenhandels, die Rechtsstellung der Fremden, der Minderheitenschutz sowie das humanitäre Kriegsvölkerrecht, auf internationaler Ebene geregelt worden waren, beginnt der moderne internationale Menschenrechtsschutz im völkerrechtlich-universellen Sinn erst während des Zweiten Weltkriegs mit der Botschaft Präsident Roosevelts vom 6. Januar 1941 an den Kongreß, in der er vier Freiheiten als Grundlagen für die Zukunft und Sicherheit der Welt verkündete: freedom of speech and expression, freedom of every person to worship God in his way, freedom from want, freedom from fear[563]. Diese vier Freiheiten fanden in dieser oder ähnlicher Form Eingang in weitere Kriegszielerklärungen der Alliierten, so in die Atlantik-Charta vom 14. August 1941 und die Erklärungen anläßlich der Konferenzen von Teheran 1943 und Jalta 1945[564]. Begleitet wurden diese Erklärungen von Veröffentlichungen der Völkerrechtswissenschaft, die die Bedeutung der Menschenrechte für die Weiterentwicklung des Völkerrechts und die Sicherung des Weltfriedens herausstellten, so die Lausanner Erklärung des Institut de Droit International von 1947.

b) Atlantik-Charta

Als Atlantik-Charta in der Geschichte festgehalten ist eine am 14. August 1941 veröffentlichte gemeinsame Erklärung Winston Churchills und Franklin D. Roosevelts. Sie ist das Dokument, mit dem sich der Präsident der Vereinigten Staaten im Kampf gegen Hitler auf die Seite Großbritanniens stellte und den Weg zu einer neuen Organisation der Völker zur Erhaltung des Friedens wies[565]. Am 24. September 1941 sprachen sich bereits 15 Regierungen, darunter die Sowjetunion, für diese Prinzipien aus[566]. In dem 8-Punkte-Konzept bekannten sich die beiden Regierungschefs u.a.

---

563 Aus: FW 42 (1942), S. 29 f.
564 Friesenhahn, Menschenrechte, in: Strupp/Schlochauer, WV II, S. 504.
565 Ressing, Jalta und Potsdam, S. 25.
566 Ressing, Jalta und Potsdam, S. 26.

zum Selbstbestimmungsrecht der Völker und zu dem Ziel, wirtschaftlichen Fortschritt und soziale Sicherheit zu gewährleisten. Weiter heißt es:

„6. Sie (Churchill und Roosevelt, Anm. d. Verf.) hoffen, daß ... ein Friede geschaffen wird, der ... Gewähr dafür bietet, daß alle Menschen in allen Ländern der Welt ihr Leben frei von Furcht und Mangel leben können"[567].

Mit diesen Friedenszielen grenzten sich die Alliierten bewußt von den Kriegszielen der Achsenmächte ab und bestärkten nicht zuletzt den Opfermut der eigenen Bevölkerung.

c) Teheran

In der Konferenz von Teheran, die vom 28. November bis zum 1. Dezember 1943 abgehalten wurde, bekannten sich Churchill, Stalin und Roosevelt erneut zu diesen Grundsätzen. In ihrer Abschlußerklärung bekräftigten sie ihre Absicht, eine „Zusammenarbeit und aktive Teilnahme aller Länder ... anzustreben, deren Völker ... der Beseitigung von Tyrannei, Sklaverei und Intoleranz ergeben sind"[568].

d) Jalta

Schließlich wurde auch in das Abschluß-Kommuniqué der Krim-Konferenz, den Wünschen Churchills und Roosevelts entsprechend, die Grundsätze der Atlantik-Charta aufgenommen. In der „Erklärung über das befreite Europa" wurden ausdrücklich der „Glauben an die Grundsätze der Atlantik-Charta" und das Ziel bekräftigt, im Rahmen einer internationalen Ordnung den Frieden, die Sicherheit, die Freiheit und das allgemeine Wohlergehen der gesamten Menschheit zu sichern[569].

---

567 Ressing, Jalta und Potsdam, S. 94.
568 Aus: Fischer (Hrsg.), Teheran, Jalta, Potsdam, S. 90.
569 Fischer (Hrsg.), Teheran, Jalta, Potsdam, S. 186 f.

e) Anerkennung der Menschenrechte in der Charta des Internationalen Militärtribunals

Die Charta des Internationalen Militär Tribunals nennt als der Gerichtsbarkeit des Tribunals unterfallenden Tatbestand unter lit. c) auch die Verbrechen gegen die Menschlichkeit. Mit dieser Regelung wurden ungeschriebene völkerrechtliche Prinzipien über das innerstaatliche Recht der Staaten gestellt und von den Verantwortlichen eine Entscheidung gegen die menschenverachtenden Gesetze ihrer Heimatstaaten erwartet, im Ergebnis also die universelle Anerkennung eines bis dahin zum ungeschriebenen Völkerrecht gehörenden allgemeinen Menschenrechtsstandards manifestiert[570]. Daß es sich beim Nürnberger Tribunal um ein „Gericht der Sieger" handelte, mag die Annahme der Universalität ebensowenig zu hindern wie die doch tiefgehenden Verschiedenheiten in den Wertvorstellungen der Völker auf diesem Gebiet. Zumindest die Verletzung der elementaren Menschenrechte steht zum allgemeinen Völkerrecht im Widerspruch, da die grundsätzliche Unverletzlichkeit der menschlichen Persönlichkeit auch in den Verfassungen der kommunistischen Staaten allgemein anerkannt war und sich in der Charta der Vereinten Nationen und deren weltweiter Akzeptanz wiederspiegelte.

3. Der bei Kriegsende allgemein verpflichtende menschenrechtliche Mindeststandard

a) Der anerkannte Katalog

Man wird davon ausgehen müssen, daß der menschenrechtliche Mindeststandard den eigenen Staatsangehörigen gegenüber den gleichen Inhalt hat, wie der fremdenrechtliche Mindeststandard bzw. wie die in Art. 46 HLKO manifestierten Grundrechte. Letztere Bestimmung enthält zwar keinen Katalog der Grundrechte des Individuums, aber sie regelt insbesondere in den Abschnitten über das besetzte feindliche Gebiet und über die Kriegsgefangenen eine Reihe von hierzu gehörigen Rechten[571], also das Recht auf Leben, körperliche Unversehrtheit, persönliche Freiheit einschließlich des Verbots von willkürlicher Verhaftung, von grausamer und entwürdigender Behandlung, das Recht auf einen unparteiischen Richter und auf ein

---
570 So bereits Mandelstam, ZaöRV 2 (1931), S. 366, 371; Laun, Die Menschenrechte, S. 18.
571 Laun, Die Menschenrechte, S. 18.

faires Verfahren sowie ein grundsätzliches Recht auf Eigentum[572]. Diese für den zwischenstaatlichen Ausnahmezustand, den Krieg, bestimmten Regelungen gelten erst recht für das rechtlich geordnete Zusammenleben zu Friedenszeiten.

b) Verbrechen gegen die Menschlichkeit

Art. 6 c des Statuts des Internationalen Militärgerichtshofes von Nürnberg bestraft gemeine, mit der Kriegsplanung und Kriegführung im Zusammenhang stehende Vergehen wie Tötung, Ausrottung, Versklavung und Deportierung aufgrund der Generalklausel „Verbrechen gegen die Menschlichkeit". Der Unterschied zu Kriegsverbrechen besteht darin, daß letztere strafbare Handlungen meinen, die das Völkerrecht als solche kriegsrechtlicher Natur charakterisiert, d.h. insbesondere die in der Haager Landkriegsordnung 1907 normierten Straftatbestände wie Tötung und Deportation der Zivilbevölkerung eines besetzten Gebietes oder die Tötung und Mißhandlung von Kriegsgefangenen.

Der Rechtssatz des Verbrechens gegen die Menschlichkeit ist ein völkerrechtlicher, die nationalen Strafansprüche und den völkerrechtlichen Kriegsverbrecherbegriff teils wiederholender, teils ergänzender Deliktstatbestand[573]. Er bezieht sich auf vor dem Krieg oder während des Kriegs „gegen irgendeine Zivilbevölkerung" gerichtete Unrechtsakte, die schon 1939 nach den Gesetzen aller Staaten strafbar waren[574] und mit einem der beiden anderen Delikte des Statuts (Verbrechen gegen den Frieden oder Kriegsverbrechen) im Zusammenhang standen[575]. Nur deshalb konnte der Nürnberger Gerichtshof seine Rechtsprechungstätigkeit nicht auf Verbrechen erstrecken, die z.B. deutsche Staatsangehörige gegenüber der deutschen Zivilbevölkerung vor Ausbruch des Zweiten Weltkriegs begangen hatten; diese standen nach Auffassung des Gerichts nicht mit der Kriegsplanung und Kriegführung in Zusammenhang[576].

Bedeutungslos für die Strafverfolgung war, ob die Verbrechen gegen die Menschlichkeit das Landesrecht am Begehungsort verletzen oder nicht, so daß der Verbrecher in jenem Vertragsstaat bzw. in dem von ihm besetzten Gebiet zu verfolgen war, in dem er ergriffen wurde. Die örtliche und sachliche Einschränkung der Gerichtsbarkeit des Internationalen Militärtribunals vermochte jedoch die materiellrechtli-

---

572 Friesenhahn, Menschenrechte, in: Strupp/Schlochauer, WV II, S. 505.
573 Schwelb, BYIL 23 (1946), S. 178 ff.
574 Stone, International conflicts, S. 361; Verdross, Völkerrecht, S. 219.
575 Stillschweig, FW 49 (1949), S. 93.
576 Schwelb, BYIL 23 (1946), S. 205; Schick, AJIL 41 (1941), S. 785 ff; Castrén, Law of War and Neutrality, S. 86; Oellers-Frahm, ZaöRV 54 (1994), S. 424 ff.

che Tragweite des bereits während des Zweiten Weltkriegs verbürgten Menschenrechtsstandards nicht zu verkürzen. Daß das Nürnberger Militärtribunal nicht befugt war, Verbrechen gegen die Menschlichkeit – begangen 1941–1946 von Jugoslawien an der jugoslawischen Bevölkerung – abzuurteilen, berührt in keiner Weise die verbindlichen menschenrechtlichen Maßstäbe, die unabhängig von einer konkreten Gerichtsbarkeit universelle Beachtung verlangen.

c) Genozid

Der Begriff des Genozids wurde nach dem Zweiten Weltkrieg unter dem Eindruck der Ausrottungspolitik des nationalsozialistischen Regimes, insbesondere in den vom deutschen Reich besetzten Gebieten, geprägt. Nach der Konvention über die Verhütung und Bestrafung des Völkermordes vom 9. Dezember 1948[577] sind Völkermord alle Handlungen, die in der Absicht begangen werden, eine nationale, ethnische, rassische oder religiöse Gruppe als solche ganz oder teilweise zu zerstören (vgl. Abs. II). Die Maßnahmen, die zur Erreichung dieses Zieles vorgenommen werden, bestehen in der Tötung von oder der Verursachung von schweren körperlichen oder seelischen Schäden an Mitgliedern der Gruppe, der vorsätzlichen Auferlegung von Lebensbedingungen, die geeignet sind, ihre körperliche Zerstörung ganz oder teilweise herbeizuführen, sowie darin, die Fortpflanzung zu verhindern bzw. Kinder aus der Gruppe zu entfernen[578].

Politische Gruppen werden nicht geschützt. Die Konventionsentwürfe erwähnten auch sie und die 6. Kommission beschloß zunächst die Aufrechterhaltung dieser Bestimmung. Da sich aber der Ostblock gegen eine Ausweitung der Konvention auch auf politische Gruppen wandte und von vornherein feststand, daß er ein Abkommen zu ihren Gunsten nicht ratifizieren würde, erfolgte auf Initiative der USA die Streichung dieses Teils[579].

Ziel der Kommunisten war nicht die Vernichtung der slowenischen oder einer der anderen südslawischen Nationalitäten. Auf der 2. AVNOJ-Konferenz vom 29. November 1943 wurde vielmehr ausdrücklich die Existenz von fünf in Jugoslawien lebenden Nationalitäten, nämlich der slowenischen, kroatischen, serbischen, mazedonischen und montenegrinischen, anerkannt[580]. Unabhängig von den Nationalitäten

---

577 BGBl. 1954 II, S. 729.
578 Vgl. Art. II der Konvention; Lemkin, Axis rule, S. 80.
579 Stillschweig, FW 49 (1949), S. 97.
580 Hondius, Yugoslav Community, S. 130; Beckmann-Petey, Der jugoslawische Föderalismus, S. 41.

richteten sich die Vergeltungsmaßnahmen der Kommunisten vielmehr gegen politische Gegner jeder Couleur und dienten dazu, durch Abschreckung jeden potentiellen Widerstand der Bevölkerung im Keime zu ersticken bzw. die politische Opposition so weit wie möglich auszuschalten. Die jugoslawischen Kommunisten haben folglich keinen Genozid an ihren Landsleuten begangen.

d) Typische Menschenrechtsverletzungen in Slowenien

Unterzieht man die Geschehnisse in Slowenien auf der Grundlage der vorstehenden Ausführungen einer völkerrechtlichen Bewertung, stellt man fest, daß das kommunistische Regime zahlreiche Menschenrechtsverletzungen bei der Verfolgung seines Zieles, politische Gegner auszuschalten, begangen hat. Obwohl die Kommunisten durch den Erlaß von „Gesetzen" und Verordnungen den Anschein zu erwecken suchten, ihr Vorgehen sei rechtlich legitimiert, wird schnell deutlich, daß es nicht darum ging, Taten, sondern Gesinnungen zu bestrafen, die nicht im Einklang mit den „Zielen des Volksbefreiungskampfes" standen. Daß das Recht dabei nur eine untergeordnete Rolle einnahm, es als disponibel betrachtet wurde, verdeutlichen insbesondere folgende Äußerungen: „Der Jurist, auch der Richter, muß der Gesellschaft, der gesellschaftlichen Entwicklung, Schritt auf Schritt folgen, auch wenn der Gesetzgeber mit seinen Normen dieser Entwicklung selbst nicht so pünktlich und so schnell folgen kann, daß er jeden Entwicklungszustand in die Rechtsnorm einzufügen vermag. ... Wir müssen uns mit dem Geist behelfen, der unsere ganze Arbeit und unsere Bestrebungen durchsetzt."[581] „Unser Kampf ist gerecht im moralischen Sinne des Wortes. Das genügt ..."[582].

Die Mißachtung elementarer Menschenrechte durch die kommunistische Seite zieht sich durch die gesamte Kriegs- und Nachkriegszeit. In Erinnerung gerufen seien dabei folgende – bereits dargestellte – Beispiele:
- Liquidation und Abschiebung von politischen und persönlichen Gegnern auf der Grundlage des Schutzgesetzes von 1941,
- groß angelegte Vertreibungen und Vermögenskonfiskationen auf der Grundlage des „Beschlusses über außerordentliche Maßnahmen gegen Helfer der Besatzer, gegen Verteidiger der Schwaben und anderer Landesverräter" vom 20. August 1944[583],

---

581 Griesser-Pečar, Das zerrissene Volk, S. 429.
582 Griesser-Pečar, Das zerrissene Volk, S. 430.
583 Zu den ethnischen Säuberungen des slowenischen Gebiets von der deutschsprachigen autochthonen Volksgruppe vgl. Karner, Die deutschsprachige Volksgruppe, S. 132 ff.

- Mißhandlung und Ermordung der von Briten überstellten politischen Gegner,
- Führung von Scheinprozessen (beginnend 1943 mit dem Gottscheer-Prozeß).

(1) Verletzung von Justizgrundrechten

In den die Nachkriegszeit prägenden Prozessen gegen politische Gegner wurden – entgegen der kommunistischen Propaganda – Justizgrundrechte eklatant verletzt. Gerade der im Völkerrecht allgemein anerkannte Grundsatz des rechtlichen Gehörs[584] soll es verhindern, daß einem Menschen „kurzer Prozeß" gemacht wird. Voraussetzung für ein faires Verfahren ist danach insbes., daß das Gericht unabhängig, neutral und gegenüber den Verfahrensbeteiligten distanziert ist. Aus diesem Grund verstieß die Errichtung von Sondergerichten, d.h. von Gerichten, die in Abweichung gesetzlicher Zuständigkeiten besonders gebildet und zur Entscheidung einzelner konkreter oder individuell bestimmter Fälle berufen werden, gegen die Menschenrechte, zumal die in diesen Gerichten tätigen Richter gerade nicht unabhängig und neutral waren, sondern auf Anweisung und entsprechend den Vorgaben der Kommunisten ihre Urteile fällten.

Den Angeklagten wurde es, entgegen den Vorgaben, die an ein faires Verfahren gestellt werden, auch nicht ermöglicht, sich vor Erlaß einer Entscheidung in tatsächlicher und rechtlicher Hinsicht zur Sache zu äußern und Verteidigungsmittel zu benennen. Die wenigen vorgebrachten Verteidigungsmittel, soweit sie für den Ausgang des Verfahrens erheblich waren, hätte das Gericht berücksichtigen, d.h. Zeugen laden, Akteneinsicht gewähren und Fristen ausreichend bemessen müssen. Eine angemessene Verteidigung umfaßt letztlich auch die Beiordnung eines Anwalts seines Vertrauens für jeden Angeklagten, da angesichts der Kompliziertheit des Rechts die Gefahr besteht, daß er ohne rechtskundigen Beistand sein Recht gar nicht zu Gehör bringen kann. Daß auch diese Voraussetzungen des „fair trial" nicht erfüllt wurden, bedarf keiner weiteren Ausführungen.

Ein Verstoß gegen den allgemein anerkannten Rechtsgrundsatz „nulla poena sine lege", der in Art. 11 Abs. 2 der Deklaration der Menschenrechte niedergelegt ist, ergibt sich aus dem Umstand, daß zu der Zeit, zu der die späteren Angeklagten ihren angeblichen Landesverrat übten und zu angeblichen Volksfeinden wurden, die jeweiligen Gesetze noch gar nicht erlassen waren[585]. Jedes Strafrecht setzt zudem Ge-

---

584 Vgl. auch Art. 10 der Deklaration der Menschenrechte.
585 Unabhängig davon ist zweifelhaft, ob es sich bei den erlassenen Beschlüssen und Gesetzen in staatsrechtlicher Hinsicht um allgemeingültige Vorschriften handelte, da es sich bei den Tito-Kommunisten bis zum Abschluß des Tito-Šubašić-Abkommens nicht um die legitimierte Gesetzgebungskörperschaft handelte.

setze voraus, die so bestimmt sein müssen, daß der einzelne von vornherein weiß, was strafrechtlich verboten und mit welcher Strafe es sanktioniert ist, damit er in der Lage ist, sein Verhalten danach einzurichten („*nulla poena sine lege stricta*").

Unbestreitbar ist, daß keines der von den Kommunisten verabschiedeten Strafgesetze diese Anforderungen erfüllte; die darin formulierten Tatbestandsvoraussetzungen waren so weit formuliert, daß letztlich jeder Bürger von ihrem Anwendungsbereich erfasst werden konnte. Dies galt auch hinsichtlich von Verbrechenstatbeständen, die die Todesstrafe zur Folge haben konnten. Völkerrechtswidrig war auch die Verhängung von Kollektivstrafen aufgrund des Beschlusses vom 20. August 1944. Art. 50 HLKO untersagt es, die gesamte Bevölkerung wegen der Handlungen einzelner zu bestrafen.

(2) Recht auf Leben und körperliche Unversehrtheit
Durch die Folterung politischer Gegner und deren Tötung ohne die Durchführung eines Gerichtsverfahrens mißachteten die kommunistischen Machthaber das in Art. 5 der Deklaration der Menschenrechte manifestierte Recht des einzelnen auf Leben und körperliche Unversehrtheit.

(3) Recht auf persönliche Freiheit
Das Recht auf persönliche Freiheit, das seit der Habeas-Corpus-Akte zu den fundamentalen Menschenrechten gehört[586], wurde durch willkürliche Verhaftungen konstant verletzt. Dieses Recht gewährleistet es dem einzelnen, jeden beliebigen, nahen oder fernen Ort aufzusuchen bzw. zu meiden. Verletzungen dieses Rechtes sind alle Freiheitsentziehungen ohne richterliche Anordnung, sowie die Ausweisung eines Menschen aus einem bestimmten Ort verbunden mit dem Verbot, ihn wieder zu betreten[587].

(4) Menschenwürde
Einen Verstoß gegen die Menschenwürde stellt jede Behandlung dar, die das Opfer zu einem bloßen Objekt des Staates macht, ihn erniedrigt, brandmarkt, verfolgt oder ächtet. Der Schutz der Menschenwürde findet seinen Ausdruck u.a. im Schutz der körperlichen Integrität und der durch die Justizrechte verwirklichten Beschränkung staatlicher Gewaltanwendung. Geschützt ist aber auch das Recht auf eine menschenwürdige Existenz. Dieses Recht wurde sowohl durch die „Zur-Schau-Stellung"

---

586 Art. 9 Deklaration der Menschenrechte.
587 So der „Beschluß über außerordentliche Maßnahmen gegen Helfer der Besatzer, gegen Verteidiger der Schwaben [Anm. des Verf.: Slowenisches Schimpfwort für Deutsche] und andere Landesverräter" des SNOS vom 20. August 1944, Griesser-Pečar, Das zerrissene Volk, S. 441.

VI. Verletzung des menschenrechtlichen Mindeststandards   137

Gefangener als auch durch deren unzureichende Unterbringung und Behandlung verletzt.

(5) Recht auf Eigentum
Bereits die Haager Landkriegsordnung erlaubt unter gewissen, engen Voraussetzungen die Inanspruchnahme von Eigentum. Wie an anderer Stelle bereits dargelegt[588], darf nach der HLKO Privateigentum nicht eingezogen werden[589]; soweit sie in ihren Artikeln 53 II und 52 Ausnahmen von diesem Grundsatz zuläßt, sind diese an strenge Voraussetzungen geknüpft[590] und immer mit der Verpflichtung zur Zahlung einer Entschädigung verbunden. Die willkürlich vorgenommenen Konfiskationen waren in Slowenien die Regel. Die entschädigungslose Enteignung verstößt insbesondere dann gegen das Völkerrecht, wenn sie auf die Zerstörung der Existenz der Betroffenen zielt.

(6) Recht auf Staatsangehörigkeit
Auch die Ausbürgerung mißliebiger Bevölkerungsteile durch Entzug der Staatsangehörigkeit verstieß gegen Völkerrecht. Bestätigt wird dies durch die Deklaration der Menschenrechte vom 10. Dezember 1948, die ausdrücklich ein Recht aller Menschen auf ihre Staatsangehörigkeit anerkennt[591].

e) Anerkennung der Menschenrechte in der jugoslawischen Verfassung von 1946

Nominell verwirklichen die Verfassungen der kommunistischen Staaten – und so auch die erste jugoslawische Verfassung vom 31. Januar 1946 – die „bürgerlichen" Grundrechtsvorstellungen[592]. In der jugoslawischen Verfassung waren garantiert die Gleichheit der Bürger ohne Rücksicht auf Geschlecht, Nationalität, Rasse, Religion; das aktive und passive Wahlrecht; Gewissensfreiheit, Freiheit der Religionsausübung auf der Grundlage der Trennung von Staat und Kirche; Meinungs- und Pressefreiheit, Versammlungs- und Demonstrationsfreiheit; die Unverletzlichkeit der Person und der Wohnung; Freiheit der Kunst und der Wissenschaft. Diese Rechte

---
588 Vgl. Teil A, Kap. III, 3. e) (5).
589 Art. 46 Abs. 2 HLKO.
590 Vgl. Teil A Kap. III 3. e) (5).
591 Vgl. dazu Barandon, Die Vereinten Nationen und der Völkerbund, S. 90.
592 Die – von einigen notwendigen Änderungen abgesehen – eine Kopie der stalinistischen Verfassung des Jahres 1936 war, vgl. Zalar, Yugoslav communism, S. 129.

konnten allerdings durch ihre kollektivistische Ausprägung und ihre mangelnde Durchsetzbarkeit jederzeit relativiert werden. Auffällig sind insbesondere Klauseln, die die Ausübung der gewährten Rechte von der Bedingung der Systemkonformität abhängig machten. Die jugoslawische Verfassung enthielt eine Bestimmung, nach der die gewährten Rechte eingeschränkt werden konnten, wenn sie dazu benutzt wurden, die verfassungsmäßige Ordnung für antidemokratische Zwecke zu unterminieren. Die Praxis zeigte, daß die Auslegung der Grundrechteverwirkung der Geheimpolizei und anderen Sicherheitsorganisationen oblag, die diese Bestimmung entsprechend den Interessen der Kommunistischen Partei anwendeten[593].

f) Die Durchsetzung der Menschenrechte gegenüber dem eigenen Staat

Der völkerrechtliche Menschenrechtsschutz kann grundsätzlich nur auf zwischenstaatlicher Ebene eingefordert werden. Nicht wirksam ist dieses gegenseitige Pflichtenverhältnis hingegen, wenn es um die Einhaltung des völkerrechtlichen Mindeststandards für eigene Staatsangehörige geht. Ist ein Staat nicht an Verträge gebunden, wird er aufgrund seiner Souveränität in Anspruch nehmen, über die Gewährung von Menschenrechten gegenüber seinen eigenen Staatsangehörigen im Rahmen seiner verfassungsmäßigen Ordnung zu entscheiden. Eine Verpflichtung zur auch innerstaatlichen Beachtung von völkerrechtlich verbürgten Menschenrechten besteht wegen des Regelungsbereiches des Völkerrechts zunächst gegenüber den anderen Staaten[594]. Der Regelungsbereich des Völkerrechts erfaßt an erster Stelle die Beziehungen der Völkerrechtssubjekte, also der Staaten zueinander, zugleich aber auch das Verhalten der zum Individualschutz verpflichteten Völkerrechtssubjekte gegenüber dem Menschen oder der Menschengruppe. Dem entspricht auch – unabhängig von dem dogmatischen Streit zwischen den Vertretern der monistischen und dualistischen Theorie – die Tatsache, daß im Falle eines Widerspruchs zwischen Völkerrecht und Landesrecht die eigenen Organe und Bürger zwar an das völkerrechtswidrige Landesrecht gebunden bleiben, der Staat aber durch die völkerrechtswidrige Setzung bzw. Durchsetzung seines diesem widersprechenden Landesrechts eine Völkerrechtsverletzung begeht[595].

---

593 Zalar, Yugoslav communism, S. 131.
594 Mandelstam, ZaöRV 2 (1931), S. 366, 371; Dahm, Völkerrecht I, S. 443; a.A. Kelsen, International Law, S. 242: "General international law does not impose upon the State any obligation concerning the treatment of its own citizens".
595 Berber, Völkerrecht I, S. 107.

Davon zu unterscheiden ist die Frage, ob diese völkerrechtliche Verpflichtung, den menschenrechtlichen Minimumstandard einzuhalten, auch den eigenen Staatsangehörigen gegenüber besteht, diese also nicht nur entsprechend der klassischen Völkerrechtslehre Objekte, sondern auch Subjekte völkerrechtlicher Rechtsbeziehungen sind. Innerhalb eines die Menschenrechte verletzenden Staates wird sich der Menschenrechtsschutz in landesrechtlichen Rechtsschutzeinrichtungen nicht oder nur selten verwirklichen lassen, so daß ein Individuum den eigenen Staat nur auf internationaler Ebene verklagen könnte[596]. Hierzu fehlt ihm in aller Regel die Völkerrechtssubjektivität. Der internationale Menschenrechtsschutz beinhaltete 1945/46 aber noch keine Individualberechtigung, durch die den Individuen die Befugnis eingeräumt wurde, von einem Staat in einem völkerrechtlichen Verfahren ein bestimmtes Verhalten zu verlangen[597].

Wegen des doppelten Vorbehaltes *ratione temporis* sind auch heute internationale Organe wie z.B. der Europäische Gerichtshof für Menschenrechte daran gehindert, Menschenrechtsverletzungen aus der Vergangenheit aufzugreifen. Dies hindert jedoch die innerstaatliche Rechtsordnung nicht, Verbrechen gegen die Menschlichkeit und Kriegsverbrechen eines vorangegangenen menschenrechtsfeindlichen Regimes im eigenen Land aufzuarbeiten. Da die genannten Verbrechen kraft Völkerrecht nicht verjähren, herrscht hierzu sogar eine alle Staatsorgane treffende Verpflichtung.

g) Die andauernde Spaltung der slowenischen Gesellschaft in Hinblick auf die Bewertung der Ereignisse während des Zweiten Weltkriegs und danach

Die historische und damit auch die rechtliche Bewertung der kommunistischen Verfolgungen der Nachkriegszeit spaltet die slowenische Gesellschaft bis heute. Der Graben dieser Auseinandersetzungen verläuft zwischen dem bürgerlichen und dem linken Lager des slowenischen Parteienspektrums. Deutlich wird diese Spaltung der Gesellschaft bei dem von der linken Parlamentsmehrheit im Juni 2003 beschlossenen Gesetz über die Kriegsgräber sowie bei der Kontroverse über die Entscheidung der slowenischen Generalstaatsanwaltschaft, die Vermißten der Nachkriegszeit generell nicht als Militärangehörige, sondern als Zivilisten zu betrachten. Slowenien sei daher völkerrechtlich nicht verpflichtet, deren Schicksal und Verbleib zu erforschen.

---

596 Guggenheim, FW 49 (1949), S. 180.
597 Guggenheim, FW 49 (1949), S. 177; Kelsen, International Law, S. 143 f.; Dahm, Völkerrecht I, S. 423.

B) Slowenien nach Kriegsende 1945

Unter den von Großbritannien 1945 von Kärnten nach Slowenien überführten slowenischen Staatsangehörigen, die später verschwanden, waren nicht nur Flüchtlinge, sondern auch Kriegsgefangene, Angehörige der slowenischen Orts- und Landeswehren. Wie oben bereits dargelegt, hatten die Angehörigen der Orts- und Landeswehren überwiegend nicht den Status legaler Kombattanten auf Seiten der deutschen Besatzungsmacht[598]. Dennoch kann sich Slowenien der Aufarbeitung des Schicksals der damals vermissten Personen nicht unter dem – in seiner Allgemeinheit zu pauschalen – Hinweis auf deren Status als Zivilisten entziehen. Eine im Völkerrecht begründete Nachforschungspflicht des slowenischen Staates über den Verbleib der in den Jahren 1945/46 auf seinem Territorium vermissten Personen ergibt sich aus den allgemeinen Menschenrechten.

Zum einen gebietet es die postmortal nachwirkende Würde der vermissten Personen dem slowenischen Staat, alles in seiner Macht Stehende zu tun, um ihr Schicksal in der Zeit der kommunistischen Machtergreifung aufzuklären.[599] Der Rang der Menschenwürde als fundamentales Menschenrecht kommt sowohl in der Präambel der Allgemeinen Erklärung der Menschenrechte der Generalversammlung der Vereinten Nationen von 1948[600] als auch in der Präambel des Internationalen Pakts über bürgerliche und politische Rechte von 1966[601] deutlich zum Ausdruck[602]. Mit der auch nach dem Tod fortwirkenden Würde der Opfer ist die willkürliche Weigerung des slowenischen Staates, ihr Schicksal aufzuklären, nicht vereinbar.

Zum anderen haben auch die Angehörigen der Vermißten das Recht, über den Verbleib ihrer Familienmitglieder aufgeklärt zu werden. Daß dieses Recht auf Aufklärung ein fundamentales Menschenrecht ist, kommt in Art. 32 des 1. Zusatzproto-

---

598 S. oben Teil B V. 2. a).
599 Vgl. zum postmortal nachwirkenden Schutz der Menschenwürdegarantie des Art. 1 Abs. 1 GG BVerfGE 30, 173 (194): „Es würde mit dem verfassungsverbürgten Gebot der Unverletzlichkeit der Menschenwürde, das allen Grundrechten zugrunde liegt, unvereinbar sein, wenn der Mensch, dem Würde kraft seines Personseins zukommt, in diesem allgemeinen Achtungsanspruch auch nach seinem Tode herabgewürdigt oder erniedrigt werden dürfte. Dementsprechend endet die in Art. 1 Abs. 1 GG aller staatlichen Gewalt auferlegte Verpflichtung, dem Einzelnen Schutz gegen Angriffe auf seine Menschenwürde zu gewähren, nicht mit dem Tode." Zum postmortalen Schutz der Menschenwürde auch Kussbach, Die Würde der Kriegsgefangenen, S. 364.
600 Res. 217 (III) Universal Declaration of Human Rights in: United Nations, General Assembly, Official Records third Session (part I) Resolutions (Doc. A/810) S. 71; die Allgemeine Erklärung der Menschenrechte ist heute in weiten Teilen völkergewohnheitsrechtlich für alle Staaten rechtsverbindlich (Verdross/Simma, Universelles Völkerrecht, S. 822 f.).
601 BGBl. 1973 II, S. 1534.
602 Kussbach, Die Würde der Kriegsgefangenen, S. 350; zur rechtsphilosophischen Tradition der Menschenwürde Verdross, Abendländische Rechtsphilosophie, S. 257 ff.

VI. Verletzung des menschenrechtlichen Mindeststandards

kolls zu den Genfer Rot-Kreuz-Abkommen von 1977 in Hinblick auf die Suche nach Vermißten des Gegners klar zum Ausdruck. Anerkannt wurde dieses Recht auch von der Generalversammlung der Vereinten Nationen in der Resolution 3220 (XXIX) vom 6. November 1974 sowie von der XXIV. Internationalen Konferenz des Internationalen Roten Kreuzes im Jahr 1981[603]. In seinem Urteil in der Rechtssache Timurtas v. Türkei aus dem Jahr 2000[604] qualifizierte der Europäische Gerichtshof für Menschenrechte (EGMR) das Verschwindenlassen von Angehörigen und die willkürliche Nichtaufklärung des Schicksals dieser Person als Verletzung des Rechts der Familienangehörigen aus Art. 3 der Europäischen Menschenrechtskonvention (EMRK), dem Verbot der unmenschlichen Behandlung.

Zwar war die Entwicklung des Schutzes der Menschenrechte in den Jahren 1945/46 noch nicht auf dem heutigen Stand. Es ist jedoch zu beachten, daß die Verletzung der Rechte der Vermißten und die ihrer Angehörigen bis zur Aufklärung ihres tatsächlichen Verbleibs andauert. Slowenien kann sich daher heute, wo die Aufklärung möglich und zumutbar wäre, seiner Verpflichtung nicht unter Hinweis auf den Grundsatz ratione temporis entziehen. Die Weigerung der Republik Slowenien, das Schicksal der in den Jahren der kommunistischen Machtergreifung verschwundenen Zivilpersonen aufzuklären, verletzt grundlegende Menschenrechte und damit völkerrechtliche Verpflichtungen, die Slowenien mit Wirkung erga omnes gegenüber der gesamten Staatengemeinschaft treffen.

Aber auch über das Gedenken an die Opfer, deren Gräber bekannt sind, herrscht Uneinigkeit, wie die parlamentarische Debatte über das am 19. Juni 2003 beschlossene Kriegsgräbergesetz offenbarte. Dieses Gesetz differenziert nach verschiedenen Kriegsopfergruppen, die in den Art. 2 bis 4 des Gesetzes definiert werden. Kriegsgräber im Sinne dieses Gesetzes sind nach Art. 1 Abs. 2 Gräber von Militärangehörigen gleich welcher Nation (Art. 2) sowie Gräber von Opfern der Kriegs- und Nachkriegsgeschehnisse (Art. 3 und 4) auf dem Gebiet der Republik Slowenien. Gräber von Kriegsopfern nach Art. 3 sind Gräber von Zivilpersonen, die während des Krieges aufgrund der Kriegsereignisse auf dem Gebiet der Republik Slowenien getötet oder hingerichtet worden sind; ebenso solche Gräber von Personen, die vor dem Zweiten Weltkrieg aufgrund ihrer nationalen, rassischen, religiösen oder politischen Zugehörigkeit von den damaligen Machthabern hingerichtet worden sind.

---

603 Revue internationale de la Croix-Rouge 1981, S. 327. »La XXIVe Conférence de la Croix-Rouge, [...] soulignant que les familles ont le droit d'être informées du lieu où se trouvent leurs membres ...«.
604 EGMR, Urteil vom 13. Juni 200, Rn. 91-98; der EGMR bestätigte diese Rechtsprechung im Urteil Zypern v. Türkei vom 10. Mai 2001, Rn. 154-158.

Gräber von Kriegsopfern nach Art. 4 sind außerdem auch Gräber von Personen, die nach dem 15. Mai 1945, aber in Zusammenhang mit dem Zweiten Weltkrieg, unter Verletzung rechtsstaatlicher Prinzipien und Regeln, nach einer juristischen Verhandlung oder ohne eine solche von den Behörden oder deren Vertretern auf dem Gebiet der Republik Slowenien getötet worden sind.

Besonders kontrovers ist hierbei die Inschrift, die Art. 16 Abs. 2 für diese Gräber der Opfer der Nachkriegszeit vorsieht: „Den Opfern der Kriegs- und Nachkriegstötungen"[605]. Das im slowenischen Original verwendete Wort „usmrtitev" bedeutet „Tötung eines Verurteilten/ nach Urteil". Die Wortwahl suggeriert, dass die Hinrichtungen aufgrund von rechtmäßigen Gerichtsurteilen vollstreckt wurden und verschleiert damit, daß es sich vielfach um schlichte Morde an vermeintlichen Gegnern der Kommunisten ohne Prozeß oder aber um Hinrichtungen nach Schauprozessen handelte[606]. Diese Inschrift setzt sich also in Widerspruch zu der Definition, die das Gesetz selbst in seinem Art. 4 gibt. Die Tatsache, daß Unschuldige verfolgt und hingerichtet wurden, droht bei dieser Inschrift in den Augen der Nachwelt in Vergessenheit zu geraten. Indem sie auf ihren Gräbern als Verbrecher dargestellt werden, wird das Angedenken der Opfer sechzig Jahre nach ihrem Tod verunglimpft. Damit verletzt Slowenien die postmortale Würde dieser Menschen.

Beide Entscheidungen verfolgen also das gemeinsame Ziel der Geschichtsklitterung. In einem ersten Schritt soll zunächst die wahre Zahl der Opfer der kommunistischen Machtergreifung in Slowenien dadurch verschleiert werden, daß ihr tatsächliches Schicksal nicht untersucht wird. In einem zweiten Schritt wird darüber hinaus das Angedenken der bekannten Opfer durch die gesetzlich vorgesehenen Grabinschriften postum verunglimpft.

---

605 „Žrtve vojne in povojnih usmrtitev".
606 Vgl. oben Teil A, IV, 2 e und Teil B, IV, 1; Griesser-Pečar, Das zerrissene Volk, S. 507 ff.
607 "Slovenia will therefore not agree to those demands which in Slovenia's preparation for accession to the EU could be understood as a demand to revoke the decisions and actions whereby in the spirit of Potsdam the Slovene state of that time punished the criminals of the wartime occupation and those who collaborated with them in crimes against the Slovene nation", Rede des slowenischen Präsidenten Milan Kučan, Stockholm 28. Jan. 2000.

Zusammenfassung und Ausblick

1. Die für das slowenische Selbstbestimmungsrecht und für die heutige Eigenstaatlichkeit konstitutiven Elemente sind tief in der mitteleuropäischen Geschichte verwurzelt.
2. Der Staat der Südslawen, der als Ergebnis des Ersten Weltkriegs als Königreich der Serben, Kroaten und Slowenen (ab 1931 Königreich Jugoslawien) aus dem früheren Königreich Serbien und den früher habsburgischen Territorien entstand, war gleichermaßen zentralistisch und von sezessionistischen Bestrebungen gekennzeichnet. Das Königreich überdauerte mit all seinen Integrationsproblemen – trotz der von den Achsenmächten im Zweiten Weltkrieg verfolgten Politik der „Zerschlagung Jugoslawiens" – den Krieg als Subjekt des Völkerrechts.
3. Die Achsenmächte waren nach der nicht erklärten Eröffnung des Kriegs gegen Jugoslawien 1941 an das *ius in bello*, insbesondere an das humanitäre Kriegsvölkerrecht gebunden. Wichtiger Bestandteil dieser Normen ist das völkergewohnheitsrechtlich und in der Haager Landkriegsordnung verankerte Recht der kriegerischen Besetzung (*occupatio bellica*), das – trotz der Annexionsabsichten der Achsenmächte, trotz aller Versuche, Gebiete aus dem jugoslawischen Staatsverband auszugliedern – 1941–1945 in Slowenien Anwendung fand.
4. Die völkerrechtliche Kontinuität Jugoslawiens nach seiner militärischen Niederlage im Frühjahr 1941 fand weiter ihren Ausdruck in der Existenz und Betätigung der Exilregierung in London unter König Peter auf der Grundlage des Diplomatic Privileges Act vom 6. März 1941. Die die Ausübung jugoslawischer Staatsgewalt legitimierende Funktion des Königs wurde weder durch die Aufnahme von Beziehungen mit den – aus der Sicht der jugoslawischen Monarchie – revolutionären Kräften der Tito-Partisanen durch die Alliierten, noch durch das Arrangement des Königs mit Tito (Šubašić-Abkommen) rechtlich berührt.
5. Im Verlauf des Zweiten Weltkriegs galt das Kriegsvölkerrecht für alle Beteiligten gleichermaßen; es war für die Angehörigen der Besatzungsmacht ebenso verpflichtend wie für die Bevölkerung im besetzten Gebiet. Die im Zweiten Weltkrieg erwogene einseitige rechtliche Privilegierung des „legitimen" Widerstandes gegen den Angreiferstaat findet eine absolute Schranke im humanitären Kriegsvölkerrecht, dessen praktische Anwendung seine allseitige Beachtung zur Voraussetzung hat. Nur die unterschiedslose Anwendung der HLKO vermag den gewünschten Schutz der Zivilbevölkerung im besetzten Gebiet zu gewährleisten.

6. Da die drei Achsenmächte Deutschland, Italien und Ungarn das slowenische Gebiet z.T. mit Annexionsabsichten militärisch besetzten und untereinander aufteilten, waren Verstöße gegen das Recht der kriegerischen Besetzung vorprogrammiert. Slowenien hatte besonders zu leiden unter
   - der sog. „Eindeutschung" in der sog. deutschen Zone bei gleichzeitiger Deportation der slowenischen Bevölkerung (Art. 52 HLKO),
   - der völkerrechtswidrigen Ausdehnung des Reichsrechts (u.a. staatsangehörigkeitsrechtliche Bestimmungen, deutsche Wehrpflicht, Nürnberger Rassegesetze) auf slowenische Gebiete,
   - der nachhaltigen Veränderung des Wirtschafts- und Finanzsystems (Art. 48, 49 HLKO),
   - den Eingriffen in die Bürgerrechte (Art. 46 HLKO), in das Eigentum von Gemeinden, Kirchen und kulturellen Einrichtungen (Art. 52, 53, 56 HLKO).

7. Die am slowenischen Volk begangenen Kriegsverbrechen sind unbestritten und ein wichtiges Phänomen bei der Bewertung der Kriegszeit in Jugoslawien. Ein weiterer wichtiger Aspekt sind die Aktionen der Widerstandsbewegungen, die sich während der Kriegsjahre mit unterschiedlichen Ideologien und Zielsetzungen in den verschiedenen Landesteilen herausbildeten und den Widerstand gegen die Achsenmächte mit dem Kampf um die politische Gestaltung Nachkriegsjugoslawiens verbanden.
   - Die Tschetniks, deren Tradition als Schutzbündnis weit ins 19. Jahrhundert zurückreicht, waren – unter Mihailović, dem Kriegsminister der Exilregierung – das Sammelbecken der 1941 geschlagenen jugoslawischen Armee. Sie verfolgten zunächst mit Westorientierung die Wiederherstellung des jugoslawischen Königreichs, später einen pan–serbischen Staat und schließlich – mit Blick auf Kroatien – die Gründung eines föderalen Staates. Der Widerstand gegen die Besatzungsmacht („Jugoslawische Armee in der Heimat") wurde in der Folgezeit durch den Kampf gegen den Kommunismus überlagert (z.B. milizia volontaria anticommunista in der italienischen Zone Sloweniens und die sog. „Weißen Tschetniks").
   - Die kommunistische Befreiungsfront (Osvobodilna Fronta, OF) entstand aus der „Antiimperialistischen Front", stützte ihre militärischen Aktionen auf die von Tito straff organisierte Partisanenarmee und nahm für sich in Anspruch, die einzig legitime Vertretung der südslawischen Völker (so auch der Slowenen) und des Befreiungskampfes zu sein. Ziel der Operationen war deshalb auch der innere Feind, Gegner des Kommunismus, die als Kollaborateure und Verräter diffamiert, durch den Sicherheits- und Nachrichtendienst VOS (ab

1944 Abteilung für den Schutz des Volkes, OZNA) verfolgt und liquidiert wurden. Der „Antifaschistische Rat der Volksbefreiung Jugoslawiens" (AVNOJ) und die Londoner Exilregierung versagten sich gegenseitig die Anerkennung, wobei das jugoslawische Königtum – vor allem nach der förmlichen Aufnahme von Beziehungen zu den Tito-Partisanen durch die Alliierten 1944 – mehr und mehr an Einfluß verlor.
- Die Slowenischen Widerstandsbewegungen (Legionen, Ortswehren und Landwehr) gerieten im Verlauf des Kriegs zwischen die Fronten. Zu Beginn der Fremdherrschaft formierten sich in Slowenien verschiedene Legionen und nationale Bewegungen, die sich – im Einvernehmen mit der Londoner Exilregierung – der von Mihailović befehligten „Jugoslawischen Armee in der Heimat" anschlossen. Interne Konflikte führten dazu, daß zahlreiche Legionäre in die Ortswehren abwanderten. Im Frühjahr 1942 verstärkten sich die Übergriffe der Partisanen und der VOS auf die slowenische Zivilbevölkerung, zu deren Schutz – mit ausdrücklicher Billigung von Mihailović – in 47 Ortschaften schlecht bewaffnete Ortswehren organisiert wurden. Nach der Kapitulation Italiens im September 1943 entstand vornehmlich in der adriatischen Küstenzone aus den Ortswehren ein landeseigener Selbstschutzverband, die slowenische Landwehr. Der von ihren Angehörigen abgelegte Eid verpflichtete zum Kampf gegen den Kommunismus und für „die slowenische Heimat als Teil des freien Europa".

8. Für einen erheblichen Teil der etwa 1.045.000 Kriegsopfer in Jugoslawien ist der im Schatten des Zweiten Weltkriegs ausgetragene innerjugoslawische Bürgerkrieg verantwortlich, dessen Folgen vom kommunistischen Jugoslawien (das den Kampf gegen seine eigene Bevölkerung fortführte) und seinen Folgerepubliken weitgehend unbeachtet geblieben sind. Die gezielte und systematische Verfolgung aller Andersdenkenden durch den „Sicherheits- und Nachrichtendienst" VOS sind – auch völkerrechtlich beachtliche – Verbrechen gegen die Menschlichkeit. Nach ihrer Anerkennung als Kriegführende durch die Alliierten waren die Tito-Partisanen, so wie alle anderen am Krieg beteiligten Staaten, gehalten, die Schranken des Kriegsvölkerrechts zu beachten. Die Übergriffe der „Abteilung für den Schutz des Volkes" OZNA auf die slowenische Zivilbevölkerung, die Liquidierung ganzer Bevölkerungsgruppen sind als Kriegsverbrechen zu werten. Diese berechtigten zum organisierten Selbstschutz, der auch durch den Umstand der besatzungshoheitlichen Duldung oder Unterstützung seine Berechtigung nicht einbüßte. Die vom Kommunismus verfolgten Personen hatten nach Kriegsende im Ausland gegenüber der Gewahrsamsmacht Anspruch auf Schutz als Kriegsgefangene oder Flüchtlinge.

9. Nach Kriegsende reorganisierte sich Jugoslawien – in seinen aufgrund des Pariser Friedens und der Triestabkommen in Richtung Adria erweiterten Grenzen – als ein Bundesstaat der südslawischen Völker. Die neuen föderalen Strukturen waren jedoch trotz des förmlichen Sezessionsrechts der einzelnen Republiken, ebenso wie das gesamte gesellschaftliche und staatliche Leben vom straff zentralistisch ausgeübten Herrschaftsanspruch des kommunistischen Regimes geprägt, das jede demokratische oder lokale Opposition unterdrückte, sich durch die Aufhebung auch des völkerrechtskonformen Besatzungsrechts mit Wirkung ex tunc gezielt rechtsfreie Räume schuf und seine Bürgerkriegsziele letztlich kompromißlos durchsetzte.

10. Die bereits mit dem Gottscheer Prozeß im Jahre 1943 vermehrt einsetzenden Praktiken der kompromißlosen Verfolgung Andersdenkender setzte sich nach Kriegsende in verstärktem Maße fort. Die „Gerichte der Volksehre" übten Rache statt Gerechtigkeit. Hierbei diente der willkürlich angewendete Begriff der Kollaboration dazu, ganze Bevölkerungsgruppen zu entrechten und zu liquidieren. Die strafausschließenden Rechtfertigungsgründe der übergeordneten Völkerrechtsordnung wurden ebenso mißachtet wie die in der HLKO verankerte Gehorsamspflicht der Bevölkerung im besetzten Gebiet, die Bindung der Bevölkerung an völkerrechtswidrige, aber dennoch faktisch wirksame Befehle, die Loyalitätspflichten der Bevölkerung gegenüber der in London agierenden Exilregierung und das aus den rechtswidrigen Übergriffen der Tito-Partisanen herzuleitende Recht auf Notwehr und Nothilfe der Bevölkerung zur Aufrechterhaltung der öffentlichen Sicherheit und Ordnung.

11. Prominente slowenische Opfer der kommunistischen Säuberung waren der bereits 1942 vom Sicherheitsdienst VOS ermordete Theologieprofessor Lambert Ehrlich und der 1946 wegen Verrats am Volke und Kollaboration mit dem Feind in Abwesenheit zu 18 Jahren Gefängnis mit Zwangsarbeit verurteilte Bischof Rožman. An den durchgeführten Säuberungsmaßnahmen tragen die westalliierten Siegermächte mit völkerrechtliche Verantwortung. Großbritannien überstellte nach Kriegsende als Gewahrsamsmacht Kriegsgefangene und politisch verfolgte Flüchtlinge an die neuen Machthaber in Jugoslawien – ohne sich der menschenrechtlich korrekten Behandlung dieser völkerrechtlich geschützten Personen zu vergewissern.

12. Ein alle Staaten völkerrechtlich verpflichtender menschenrechtlicher Mindeststandard läßt sich bereits 1945/46 nachweisen. Er ergibt sich aus den von den Al-

liierten formulierten Kriegszielen (Atlantik-Charta, Erklärungen von Teheran und Jalta), aus den Normen des humanitären Kriegsvölkerrechts, deren konkrete Geltung durch die Rechtsprechung der alliierten Kriegsverbrechertribunale zu Kriegsverbrechen bestätigt und auf das Verbrechen gegen die Menschlichkeit ausgedehnt wurde, und aus der von der Generalversammlung der Vereinten Nationen am 10. Dez. 1948 beschlossenen Allgemeinen Erklärung der Menschenrechte, die nicht neues Recht schuf, sondern in weiten Teilen nur eine bereits 1945/46 geltende allgemeine Rechtsüberzeugung und das Menschenrechtsverständnis der Charta der Vereinten Nationen bestätigte; auch die jugoslawische Verfassung von 1946 enthielt ein – nominelles – Bekenntnis zu den Menschenrechten.

13. Im Katalog des in der HLKO, die im Verlauf des gesamten Zweiten Weltkriegs als Völkergewohnheitsrecht galt, verbürgten völkerrechtlichen Mindeststandards sind das Recht auf Leben, auf körperliche Unversehrtheit, auf Religionsfreiheit, persönliche Freiheit – einschließlich des Verbots von willkürlicher Verhaftung, von grausamer und entwürdigender Behandlung –, das Recht auf einen unparteiischen Richter und auf ein faires Verfahren sowie ein grundsätzliches Recht auf Eigentum enthalten. Dieser Katalog gilt nicht nur unter der Herrschaft des *ius in bello*, sondern auch vor Ausbruch sowie nach Beendigung des Kriegs. Systematische Verstöße werden zu Friedenszeiten als Verbrechen gegen die Menschlichkeit sanktioniert.

14. Hinsichtlich der zu begutachtenden Lage in Slowenien 1941 bis 1946 ergibt sich:
    - Die Übergriffe der Antiimperialistischen Befreiungsfront auf die Bevölkerung Sloweniens sind bis zur Anerkennung der Tito–Partisanen als Kriegführende als schlicht kriminelle Akte zu werten und gemäß damals geltenden Strafrechts zu beurteilen.
    - Die als Kriegführende anerkannten Tito-Truppen und ihre Organe waren den Regeln des Kriegsvölkerrechts verpflichtet; dessen Verletzungen werden als Kriegsverbrechen geahndet.
    - Nach Kriegsende war für die kommunistische Seite bei der Reorganisierung jugoslawischer Staatlichkeit der menschenrechtliche Minimumstandard des Friedensrechts verbindlich, dessen schwere und systematische Verletzung als Verbrechen gegen die Menschlichkeit verfolgt werden kann.
    - Schwere Kriegsverbrechen und Verbrechen gegen die Menschlichkeit können zudem Genozide sein. Die gezielte Verfolgung und Liquidierung von Teilen der Bevölkerung erfüllt den objektiven Tatbestand des Art. II der Konvention

über die Verhütung und Bestrafung des Völkermords; bei der Formulierung des subjektiven Tatbestands (Absicht, „eine nationale, ethnische, rassische oder religiöse Gruppe als solche ganz oder teilweise zu zerstören") hat Stalin allerdings seinerzeit zu verhindern gewußt, daß noch so verabscheuungswürdige Exzesse im Klassenkampf als Genozid behandelt werden können.

15. Die materiellen Verstöße der kommunistischen Seite gegen das Völkerrecht – insbesondere gegen die kriegs- und friedensrechtlich verbürgten Menschenrechte in Slowenien in den Jahren 1941 mit 1946 – waren folgenlos und konnten bislang nicht aufgearbeitet werden, da den betroffenen Individuen bzw. ihren Angehörigen die Möglichkeit fehlte, die Rechtsverletzungen verfahrensmäßig geltend zu machen.

Nach Kriegsende war zunächst kein Staat bereit, schutzmachtähnlich die Rechte der Betroffenen auf zwischenstaatlicher Ebene zu verfolgen, und später zählte es zur *raison d'être* des kommunistischen Jugoslawien und auch seiner Nachfolgestaaten, die Rechtsverletzungen nicht mehr aufzurollen. Da die Gerichtsbarkeit des Europäischen Menschenrechtsgerichtshofs wie die ähnlicher Rechtspflegeorgane unter einem doppelten Vorbehalt *ratione temporis* steht, also Tatsachen und Situationen aus der Zeit vor dem Beitritt des betreffenden Staates zur europäischen Menschenrechtsgerichtsbarkeit grundsätzlich nicht überprüft werden können, ist es gegen dessen Willen schwierig, die Rechtsverletzungen aufzuarbeiten, die keinen spezifischen Gegenwartsbezug aufweisen.

- Da sowohl Kriegsverbrechen als auch Verbrechen gegen die Menschlichkeit kraft Völkerrechts nicht verjähren, besteht auch heute noch ein Strafverfolgungsanspruch, der sich allerdings in der Praxis – mehr als 50 Jahre nach der Tat – nur schwer durchsetzen läßt.
- Angehörige von vermißten und verschwundenen Personen haben nach wie vor Anspruch auf Aufklärung von deren Schicksal.
- Zwar können in vielen Fällen, nach mehr als einem halben Jahrhundert, Konfiskationen nicht ohne weiteres rückgängig gemacht werden, doch dürfen die Opfer von Bürgerkrieg und Nachkriegsregelungen in Slowenien bei Restitution von Eigentum nicht diskriminiert werden.
- Schließlich hat die Vergangenheitsbewältigung im Einklang mit den Forderungen und Geboten der Menschenrechte ein besonderes Gewicht im Beitrittsverfahren der ostmitteleuropäischen Staaten zur Europäischen Union. Deren Mitgliedstaaten Italien und Österreich haben dies – wenn auch nur zugunsten eigener Staatsangehöriger, die durch die Ereignisse in Slowenien zwischen 1941 und 1946 betroffen wurden – bereits thematisiert. Es genügt

nicht, wie dies der slowenische Präsident Milan Kučan unlängst in seiner Stockholmer Rede vor dem Internationalen Holocaust Forum getan hat, den „Geist von Potsdam" zu beschwören[607]. Das *vae victis* von Potsdam ist eine verständliche Reaktion gegenüber dem 1945 besiegten Aggressor, vermag aber weder eine dauerhafte europäische Friedensordnung zu begründen, noch die Wunden, die Kriegs- und Nachkriegszeit dem slowenischen Volk geschlagen haben, zu heilen.

Zu Beginn eines neuen Jahrtausends entwickelt sich Europa als Rechtsgemeinschaft, kann seine Friedensordnung nur auf Gerechtigkeit und nicht auf einem totalen Sieg gründen. Für das neu zusammenwachsende Europa gilt die alte Aquinische Erkenntnis, daß zur Gerechtigkeit das Bedenken der Folgen für alle Betroffenen gehört: *opus iustitiae pax* und nicht *fiat iustitia, pereat mundus.*

Literaturverzeichnis

Die zitierten Beiträge aus Strupp/Schlochauer (Hrsg.), Wörterbuch des Völkerrechts, 2. Aufl., Berlin 1960 ff. und Bernhardt (Hrsg.), Encyclopedia of Public International Law, Amsterdam u.a. 1981 ff., sind nicht im einzelnen aufgeführt.

Anzilotti, Dionisio, Lehrbuch des Völkerrechts, Bd. 1, Berlin 1929 (zit.: Anzilotti, Völkerrecht I)

Barandon, Paul, Die Vereinten Nationen und der Völkerbund, Hamburg 1948

Bartl, Peter, Grundzüge der jugoslawischen Geschichte, Darmstadt 1985 (zit.: Bartl, Jugoslawische Geschichte)

Baxter, Richard R., Asylum to prisoners of war, BYIL 30 (1953), S. 489 ff.

Baxter, Richard R., So-Called "Unprivileged Belligerency": Spies, Guerrillas and Saboteurs, BYIL 27 (1950), S. 323 ff.

Baxter, Richard R., The duty of obedience to the belligerent occupant, BYIL 27 (1950), S. 235 ff.

Beckmann-Petey, Monika, Der jugoslawische Föderalismus, München 1990

Berber, Friedrich, Lehrbuch des Völkerrechts, Band 1, Allgemeines Friedensrecht, 2. Aufl., München 1975 (zit.: Berber, Völkerrecht I)

Berber, Friedrich, Lehrbuch des Völkerrechts, Band 2, Kriegsrecht, München 1969 (zit.: Berber, Völkerrecht II)

Bernhard, Rudolf (Hrsg.), Encyclopedia of Public International Law, Volume I-IV, Amsterdam u.a. 1992 ff. (zit.: Bearbeiter, in: Bernhardt, EPIL I–IV)

Blum, Rolf, Das System der verbotenen und erlaubten Kriege in Völkerbundssatzung, Locarno-Verträgen und Kellogg-Pakt, Leipzig 1932 (zit.: Blum, Verbotene und erlaubte Kriege)

Blumenwitz, Dieter, Überwindung der deutschen Teilung und die Vier Mächte, Berlin 1990 (zit.: Blumenwitz, Überwindung der deutschen Teilung)

Borchard, Edwin M., "War" and "Peace", AJIL 27 (1933), S. 114 ff.

Borchard, Edwin M., The diplomatic protection of citizens abroad, New York 1915 (zit.: Borchard, Diplomatic protection)

Boric, Tomislav, Perspektiven eines zukünftigen Jugoslawien, in: Marko, Joseph / Boric, Tomislav (Hrsg.), Slowenien – Kroatien – Serbien, Die neuen Verfassungen, Wien, Köln, Graz 1991, S. 51 ff. (zit.: Boric, Perspektiven)

Brandweiner, Heinrich, Zur Lehre von den Exilregierungen, ÖZöR 3 (1951), S. 497 ff.

Brown, Philip Marshall, Undeclared Wars, AJIL 33 (1939), S. 538 ff.

Brownlie, Ian, Principles of Public International Law, 4. Aufl., Oxford 1990

Castrén, Eric, The present law of War and Neutrality, Helsinki 1954 (zit.: Castrén, Law of War and Neutrality)

Chen, Ti-Chiang, The international law of recognition, London 1951

Cohn, Georg, Kellogg-Vertrag und Völkerrecht, Zeitschrift für Völkerrecht 15 (1930), S. 169 ff.

Crawford, James, Criteria for Statehood, BYIL 48 (1976/77), S. 93 ff.

Crawford, James, The Creation of States in International Law, Oxford 1979 (zit.: Crawford, Creation of states)

Dahm, Georg, Völkerrecht, Bd. 1, Stuttgart 1958

Döring, Herrmann, Ist Jugoslawien im Sinne des Versailler Vertrages, insbesondere im Sinne des Art. 297 h letzter Absatz ein „Neuer Staat"?, JW 1920, S. 352 ff.

Downey, Gerald, The Law of War and Military Necessity, AJIL 47 (1953), S. 251 ff.

Dunbar, N.C.H., Military Necessity in War Crimes Trials, BYIL 29 (1952), S. 442 ff.

Elbe, Joachim von, The Evolution of the concept of the just war in international law, AJIL 33 (1939), S. 665 ff.

Ermacora, Felix, Menschenrechte in der sich wandelnden Welt, Wien 1974 (Ermacora, Menschenrechte)

Fiedler, Wilfried, Staatskontinuität und Verfassungsrechtsprechung, Freiburg, München 1970 (zit.: Fiedler, Staatskontinuität)

Fischer, Alexander (Hrsg.), Teheran, Jalta, Potsdam – die sowjetischen Protokolle von den Kriegskonferenzen der „Großen Drei", Köln 1968

Franklin, William M., Municipal Property under belligerent occupation, AJIL 38 (1944), S. 383 ff.

Fricke, Gert, Kroatien 1941–1944, Freiburg 1972

Fried, John H. E., Transfer of Civilian Manpower from occupied territory, AJIL 40 (1946), S. 303 ff.

Giese, Friedrich / Menzel, Eberhard, Deutsches Kriegsführungsrecht, Berlin 1940

Giese, Friedrich, Deutsches Staatsrecht, Wien, Berlin 1930

Green, Leslie Claude, Armed Conflict, War, and Self-Defence, AVR 6 (1956), S. 387 ff.

Griesser-Pečar, Tamara, Das zerrissene Volk – Slowenien 1941–1946, Wien, Köln, Graz 2003 (zit.: Griesser-Pečar, Das zerrissene Volk)

Guggenheim, Paul, Der völkerrechtliche Schutz der Menschenrechte, FW 49 (1949), S. 177 ff.

Guggenheim, Paul, Lehrbuch des Völkerrechts, Bd. I, Basel 1948, Bd. II, Basel 1951 (zit.: Guggenheim, Völkerrecht I bzw. II)

Hackworth, Green Haywood, Digest of International Law, Vol. V, Washington 1940 (zit.: Hackworth, International Law)

Hall, William Edward, A Treatise on International Law, Oxford 1924 (zit.: Hall, International Law)

Hammer, Ellen / Salvin, Marina, The taking of hostages in theory and practice, AJIL 38 (1944), S. 20 ff.
Hatschek, Julius, Einleitung in das Völkerrecht, Leipzig 1926 (Hatschek, Völkerrecht)
Hertz, Wilhelm G., Das Problem der Menschenrechte, FW 48 (1948), S. 36 ff.
Heydte, Friedrich August Frhr. von der, Einige Aspekte der Anerkennung im Völkerrecht, in: Internationale FS für Alfred Verdross zum 80. Geburtstag, München, Salzburg 1971, S. 129 ff. (von der Heydte, Anerkennung im Völkerrecht)
Heydte, Friedrich August Frhr. von der, Völkerrecht Bd. 1 und 2, Köln, Berlin 1960
Holborn, Louise, The legal status of political refugees 1920 – 1938, AJIL 32 (1938), S. 680 ff.
Hondius, Frederik Willem, The Yugoslav Community of Nations, The Hague, Paris 1968 (zit.: Hondius, Yugoslav community)
Höpken, Wolfgang, Die Unfähigkeit zusammenzuleben, in: Josip Furkes / Karl-Heinz Schlarp (Hrsg.): Jugoslawien: Ein Staat zerfällt, Hamburg 1991, S. 32 ff.
Hösch, Edgar, Geschichte der Balkanländer, München 1988
Hyde, Charles Cheney, International Law, Vol. III, Boston 1951
Ipsen, Knut, Völkerrecht, 5. Aufl., München 2004 (zit.: Bearbeiter, in: Ipsen, Völkerrecht)
Ivanisevic, Alojz, Das Pulverfaß Bosnien – zum historischen Hintergrund der gegenwärtigen Tragödie, SOM 1993, S. 212 ff. (Ivanisevic, Bosnien)
Jellinek, Georg, Allgemeine Staatslehre, 3. Aufl., Berlin 1914
Jellinek, Hansjörg, Der automatische Erwerb und Verlust der Staatsangehörigkeit durch völkerrechtliche Vorgänge, zugleich ein Beitrag zur Lehre der Staatensukzession, in: Beiträge zum ausländischen öffentlichen Recht und Völkerrecht, Heft 27, Berlin, Detmold, Köln 1951 (zit.: Jellinek, Staatsangehörigkeit)
Jennings, R. Yewdall, Some international law aspects of the refugee question, BYIL 20 (1939), S. 98 ff.
Jessup, Philip C., A belligerent occupants power over property, AJIL 38 (1944), S. 457 ff.
Karner, Stefan, Die deutschsprachige Volksgruppe in Slowenien, Aspekte ihrer Entwicklung 1939–1997, Klagenfurt, Ljubljana, Wien 1998 (zit.: Karner, Die deutschsprachige Volksgruppe)
Kaufmann, Erich, Der serbisch-kroatisch-slowenische Staat – ein neuer Staat, ZIR 31 (1923), S. 14 ff.
Kelsen, Hans, Principles of International Law, New York 1952
Keydel, Hans, Das Recht zum Krieg im Völkerrecht, Leipzig 1931
Khol, Andreas, Der Menschenrechtskatalog der Völkergemeinschaft, Wien 1968 (zit.: Khol, Menschenrechtskatalog)
Kotzsch, Lothar, The Concept of War in Contemporary History and International Law, Genf 1956 (zit.: Kotzsch, Concept of War)

Kriele, Martin, Zur Geschichte der Grund- und Menschenrechte, in: Öffentliches Recht und Politik, FS für Hans Ulrich Scupin, Berlin 1973, S. 187 ff. (Kriele, Geschichte der Grund- und Menschenrechte)

Krüger, Herbert, Das Prinzip der Effektivität oder: Über die besondere Wirklichkeitsnähe des Völkerrechts, in: Constantopoulos, Dimitri S. u.a. (Hrsg.): Grundprobleme des internationalen Rechts, FS für Jean Spiropoulos, Bonn 1957, S. 265 ff. (zit.: Krüger, Effektivität)

Kuhn, Arthur K., The execution of hostages, AJIL 36 (1942), S. 271 ff.

Kunz, Josef L., Die Anerkennung von Staaten und Regierungen im Völkerrecht, Stuttgart 1928 (zit.: Kunz, Anerkennung)

Kunz, Josef L., Bellum justum and bellum legale, AJIL 45 (1951), S. 528 ff.

Kunz, Josef L., Identity of States under International Law, AJIL 49 (1955), S. 68 ff.

Kunz, Josef L., Kriegsrecht und Neutralitätsrecht, Wien 1935

Kunz, Josef L., The chaotic status of the laws of war and the urgent necessity for their revision, AJIL 45 (1951), S. 37 ff.

Kussbach, Eich, Die Würde der Kriegsgefangenen und der im Zusammenhang mit dem bewaffneten Konflikt Verstorbenen, in: Fischer, Horst u.a. (Hrsg.), Krisensicherung und Humanitärer Schutz – Crisis Management and Humanitarian Protection, Festschrift für Dieter Fleck, Berlin 2004, S. 347–364.

Laun, Rudolf, Die Menschenrechte, Hamburg 1948

Lauterpacht, Hersch, Recognition in international law, Cambridge 1948 (zit.: Lauterpacht, Recognition)

Lauterpacht, Hersch, Succession with regard to obligations for Delinquencies (Torts), ILR 21 (1954), S. 55 ff.

Lemkin, Raphael, Axis rule in occupied Europe, Washington 1944 (zit.: Lemkin, Axis rule)

Libal, Wolfgang, Das Ende Jugoslawiens, 2. Aufl., Wien 1993

Liszt, Franz von / Fleischmann, Max, Das Völkerrecht, 12. Aufl., Berlin 1925

Mandelstam, André N., Der internationale Schutz der Menschenrechte und die New Yorker Erklärung des Instituts für Völkerrecht, ZaöRV 2 (1931), S. 335 ff.

Marek, Krystyna, Identity and continuity of States in Public International Law, Genf 1954 (zit.: Marek, Identity and continuity of states)

Mattern, Karl-Heinz, Die Exilregierung, Tübingen 1953

McNair, Arnold D., The law relating to civil war in Spain, LQR 1937, S. 471 ff.

McNair, Arnold D., The municipal effect of belligerent occupation, LQR 1941, S. 33 ff.

Meurer, Christian, Die Haager Friedenskonferenz, Bd. 2: Das Kriegsrecht, München 1907 (zit.: Meurer, Kriegsrecht)

Moore, John Bassett, A digest of international law, Vol. VI, Washington 1906 (zit.: Moore, International Law)

Morgenstern, Felice, Validity of the acts of the belligerent occupant, BYIL 28 (1951), S. 291 ff.

Nöldeke, Alexander, Die Geltung der Haager Abkommen von 1907, Deutsche Juristenzeitung 1916, S. 263 ff.

Nurick, Lester / Barrett, Roger W., Legality of Guerilla Forces under the Laws of War, AJIL 40 (1946), S. 563 ff.

Oellers-Frahm, Karin, Das Statut des Internationalen Gerichtshofs zur Verfolgung von Kriegsverbrechen im ehemaligen Jugoslawien, ZaöRV 54 (1994), S. 416 ff.

Oestreich, Gerhard, Geschichte der Menschenrechte und Grundfreiheiten im Umriß, 2. Aufl., Berlin 1978 (zit.: Oestreich, Geschichte der Menschenrechte)

Oppenheim, Lassa / Lauterpacht, Hersch, International Law, Vol. I: Peace, 8. Aufl., London, New York, Toronto 1955; Vol. II: Disputes, War and Neutrality, 7. Aufl., Edinburgh 1952 (Oppenheim/Lauterpacht, International Law, Vol. I bzw. II)

Oppenheimer, Felix E., Governments and Authorities in Exile, AJIL 36 (1942), S. 568 ff.

Razumovsky, Dorothea Gräfin, Chaos Jugoslawien, 3. Aufl., München 1993

Reiswitz, Albrecht von, Die politische Entwicklung Jugoslawiens zwischen den Weltkriegen, in: Werner Markert (Hrsg.), Osteuropa-Handbuch, Band Jugoslawien, Köln, Graz 1954, S. 67 ff. (zit.: von Reiswitz, Die politische Entwicklung Jugoslawiens)

Ressing, Gerd, Versagte der Westen in Jalta und Potsdam?, Frankfurt/M. 1970 (Ressing, Jalta und Potsdam)

Robinson, Jacob, Transfer of Property in Enemy occupied territory, AJIL 39 (1945), S. 216 ff.

Schapiro, Leonard Bertram, Repatriation of deserters, BYIL 29 (1952), 310 ff.

Schick, B.F., The Nuremberg Trial and the international law of the future, AJIL 41 (1947), S. 785 ff.

Schmitt, Carl, Der Nomos der Erde im ius publicum europaeum, 2. Aufl., Berlin 1974 (zit.: Schmitt, Nomos der Erde)

Schmitt, Carl, Die Kernfrage des Völkerbundes, in: Schmollers Jahrbuch für Gesetzgebung, Heft 4 (1925)

Schöbener, Burkhard, Die amerikanische Besatzungspolitik und das Völkerrecht, Frankfurt/M. 1991

Schücking, Walther / Wehberg, Hans, Die Satzung des Völkerbundes, Berlin 1931

Schwarzenberger, Georg, International Law, Vol. I, London 1949

Schwarzenberger, Georg, Jus Pacis ac Belli?, AJIL 37 (1943), S. 460 ff.

Schweissguth, Edmund, Die Entwicklung des Bundesverfassungsrechts der Föderativen Volksrepublik Jugoslawien, Frankfurt/M. 1960 (zit.: Schweissguth, Bundesverfassungsrecht)

Schwelb, Egon, Crimes against humanity, BYIL 23 (1946), S. 178 ff.

Singleton, Fred, A short history of the Yugoslav peoples, Cambridge 1985 (zit.: Singleton, History of the Yugoslav peoples)

Singleton, Fred, Yugoslavia, the Country and its People, London 1970 (zit.: Singleton, Yugoslavia)

Stillschweig, Kurt, Das Abkommen zur Bekämpfung von Genocide, FW 49 (1949), S. 93 ff. (zit.: Stillschweig, Bekämpfung von Genocide)

Stone, Julius, Legal controls of international conflicts, London 1954 (zit.: Stone, International conflicts)

Stowell, Ellery C., Military reprisals and sanctions of the law of war, AJIL 36 (1942), S. 643 ff.

Strugar, Vlado, Der jugoslawische Volksbefreiungskrieg 1941 bis 1945, Berlin 1969 (zit.: Strugar, Jugoslawischer Volksbefreiungskrieg)

Strupp, Karl / Schlochauer, Hans-Jürgen (Hrsg.), Wörterbuch des Völkerrechts, Band 1–3, 2. Aufl., Berlin 1960 ff. (zit.: Bearbeiter, in: Strupp/Schlochauer, WV I–III)

Strupp, Karl, Theorie und Praxis des Völkerrechts, Berlin 1925 (zit.: Strupp, Völkerrecht)

Sundhaussen, Holm, Experiment Jugoslawien – Von der Staatsgründung bis zum Staatszerfall, Mannheim, Leipzig, Wien, Zürich 1993 (zit.: Sundhaussen, Experiment Jugoslawien)

Sundhaussen, Holm, Geschichte Jugoslawiens 1918–1980, Stuttgart, Berlin, Köln, Mainz 1982 (zit.: Sundhaussen, Geschichte Jugoslawiens)

Sunjic, Melita H., Woher der Haß?, Wien 1992

Suppan, Arnold, Deutsche Geschichte im Osten Europas – Zwischen Adria und Karawanken, Berlin 2002 (zit.: Suppan, Zwischen Adria und Karawanken)

Udina, Manlio, Gli accordi italo-jugoslavi di Osimo, Rivista di Diritto Internazionale Vol. 60 (1977), S. 405 ff.

Uhler, Oskar M., Der völkerrechtliche Schutz der Bevölkerung eines besetzten Gebietes gegen Maßnahmen der Okkupationsmacht, Zürich 1950 (zit.: Uhler, Schutz der Bevölkerung)

Verdross, Alfred, Abendländische Rechtsphilosophie, 2. Aufl., Wien 1963

Verdross, Alfred, Die Ausnahme vom Kriegsverbot des Kellogg-Paktes, FW 30 (1930), S. 65 ff.

Verdross, Alfred, Völkerrecht, Wien 1964

Verdross, Alfred/ Simma, Bruno, Universelles Völkerrecht, Berlin 1984

Waldkirch, Eduard von, Das Völkerrecht, Basel 1926

Wehberg, Hans, Die Stimson-Doktrin, in: Grundprobleme des internationalen Rechts, in: Constantopoulos, Dimitri S. u.a. (Hrsg.): Grundprobleme des internationalen Rechts, FS für Jean Spiropoulos, Bonn 1957, S. 433 ff.

Wehberg, Hans, Krieg und Eroberung im Wandel des Völkerrechts, Frankfurt/M. 1953 (zit.: Wehberg, Krieg und Eroberung)

Wehberg, Hans, Neue Tendenzen im Kriegsverhütungsrechte des Völkerbundes, FW 30 (1930), S. 129 ff.

Weithmann, Michael W., Krisenherd Balkan, Ursprünge und Hintergründe des aktuellen Konflikts, 2. Aufl., München 1992 (zit.: Weithmann, Krisenherd Balkan)

Weithmann, Michael W., Balkanchronik, Regensburg 1995

Wheeler, Marc C., Britain and the war for Yugoslavia, 1940–1943, New York 1980 (zit.: Wheeler, War for Yugoslavia)

Wilson, George Grafton, The Guerilla and the Lawful Combatant, AJIL 38 (1944), S. 494 ff.
Wolfrum, Gerhart, Die Völker und Nationalitäten, in: Werner Markert (Hrsg.), Osteuropa-Handbuch, Band Jugoslawien, Köln, Graz 1954, S. 14 ff.
Wright, Quincy, The killing of hostages as a war crime, BYIL 25 (1948), S. 296 ff.
Wright, Quincy, War Criminals, AJIL 39 (1945), S. 257 ff.
Zach, Krista/ Zach, Cornelius R., Die Deportation Deutscher aus Rumänien in die Sowjetunion, in: Südosteuropäische Vierteljahresblätter 44 (1995)/1, S. 5 ff.
Zalar, Charles, Yugoslav Communism – A critical study, Washington 1961 (zit.: Zalar, Yugoslav communism)
Zitelmann, Ernst, Die Anwendbarkeit der Haager und Genfer Abkommen im gegenwärtigen Kriege, AöR 1916, S. 1 ff.

Abkürzungen

a.A.	andere Ansicht
aaO.	am angegebenen Ort
Abs.	Absatz
AJIL	American Journal of International Law
AöR	Archiv des öffentlichen Rechts
Art.	Artikel
Aufl.	Auflage
AVNOJ	Antifašističko veće narodnog oslobodenja Jugoslavije (Antifaschistischer Rat der Volksbefreiung Jugoslawiens)
AVR	Archiv des Völkerrechts
Bd.	Band
BYIL	British Yearbook of International Law
bzgl.	bezüglich
bzw.	beziehungsweise
ca.	circa
d.h.	das heißt
DMB	Slovensko domobranstvo (Slowenische Landeswehr)
f.	folgende
Fn.	Fußnote
FS	Festschrift
FVRJ	Freiheitliche Volksrepublik Jugoslawien
FW	Die Friedenswarte
ggfs.	gegebenenfalls
h.M.	herrschende Meinung
HLKO	Haager Landkriegsordnung
Hrsg.	Herausgeber
i.d.R.	in der Regel
ILR	International Law Reports
insbes.	insbesondere
JW	Juristische Wochenschrift
Kap.	Kapitel
LQR	Law Quarterly Review
MVAC	Milizia volontaria anticommunista
m.w.N.	mit weiteren Nennungen
Nr.	Nummer

ÖZöR	Österreichische Zeitschrift für öffentliches Recht
OF	Osvobodilna fronta (Befreiungsfront)
OZNA	Oddelek za zaščito naroda (Abteilung für den Schutz des Volkes)
qkm	Quadratkilometer (2,59 qkm = 1 sqm)
RGBl.	Reichsgesetzblatt
S.	Seite
s.	siehe
SC OR	Security Council Official Records
SKL	Legion Sokol
SL	Slowenische Legion
sog.	sogenannt(e,r)
SOM	Südosteuropa Mitteilungen
sqm	square mile (1sqm = 2,59 qkm)
Supp.	Supplement
u.a.	unter anderem
UN Doc.	United Nations Document
UNTS	United Nations Treaty Series
Verf.	Verfassung
vgl.	vergleiche
Vol.	Volume
VOS	Varnostnoobveščevalna služba (Sicherheits- und Nachrichtendienst)
WV	Wörterbuch des Völkerrechts
ZaöRV	Zeitschrift für ausländisches öffentliches Recht und Völkerrecht
ZIR	Niemayers Zeitschrift für internationales Recht
z.B.	zum Beispiel
z.T.	zum Teil

Sach- und Personenregister

Allbeteiligungsklausel 41
Anerkennung von Aufständischen 89
Annexion 23 f., 29, 32, 34, 44, 60, 62, 99, 143 f.
Antiimperialistische Front 8, 75, 144
Atlantik-Charta 26, 129 f., 147
AVNOJ 78, 88 ff., 95, 103 f., 111, 133, 145

Bosnien 17 ff., 22, 73, 88, 107
Briand-Kellogg-Pakt 32, 36 f.

Churchill, Winston 86 f., 94, 129 f.
clausula si omnes 40

Deportation 41, 58, 63 ff., 126, 132, 144
Dismembration 17, 34
Domobranci 77
Drago-Porter-Abkommen 36
Dreimächtepakt 26

Ehrlich, Lambert 77, 85, 146
Eindeutschung 57, 64, 144
Emmer, Fanouš 77
Exilregierung 45 ff., 51, 68, 73, 75 f., 78, 80, 85 f., 88 f., 94 f., 103 f., 143 ff.

Flüchtlinge 73, 88, 122 f., 125, 140, 145 f.
Force majeure 117 f.

Gehorsamspflicht 53, 114 ff., 146
Geiselnahme 51 ff.
Geiseltötung 52
Genfer Abkommen über die Behandlung der Kriegsgefangenen (1929) 40, 121, 126
Genfer Konvention, III. 124
Genfer Konvention, IV. 54
Genozid 133 f., 147 f.

Geschützte Personen 121
Gottschee, Versammlung von 95, 104

Haager Konvention, III. 37
Haager Konvention, IV. 35
Hacin, Lovro 83
Hitler, Adolf 27, 29, 51, 57, 76, 82, 113, 129
HLKO 35, 43, 45, 49 f., 52 ff., 60, 62 f., 65 ff., 93 ff., 102, 113 ff., 122, 131, 136 f., 143 f., 146 f.

Internationales Militärtribunal 54, 132 f.
Italien 26 ff., 31, 36, 57, 59, 74 f., 80 ff., 88 f., 99 ff., 144 f., 148
ius in bello 38, 43, 51, 126, 143, 147

Katholische Kirche 78
Keitel, Wilhelm 51
Kikelj, Jaroslav 77
Kollaboration 66, 77, 80, 82, 84, 111 ff., 117, 146
Kombattanten 49 f., 116, 121 f., 140
Konferenz von Jalta 87
Konferenz von Teheran 86, 130
Kriegsrebellion 62, 66, 116 f.
Kriegsrepressalie 51, 53
Kriegsverrat 62, 67, 115 f.
Kroatien 17 ff., 24 ff., 33 f., 73, 75, 107, 144

Landeswehr 66, 81, 83, 85, 88, 95, 117, 121 f., 140
Legionen 79 ff., 95, 145
Leiler, Hubert 77
Locarno-Pakt 36

Martenssche Klausel 42 f., 126
Mazedonien 19 f., 25, 28, 73, 107
Menschenrechte 124 f., 127 ff., 131, 134 ff., 147 f.
Mihailović, Draža 48, 51, 73 f., 79 f., 85 f., 88, 93, 103, 144 f.
Militärische Notwendigkeit 41 f., 65
Mindeststandard, menschenrechtlicher 124 f., 127, 131, 146
Montenegro 19 f., 22, 25, 28, 73, 107

Nansen-Flüchtlinge 123
Notwehrrecht 118
Novak, Karel 74, 80

Übermur- und Zwischenmurgebiet 27, 59

occupatio bellica 43, 60, 143
Ordnung, öffentliche im Besatzungsgebiet 45, 50, 53, 60
Ortswehren 66, 80 f., 95, 145
OZNA 77 f., 145

Pariser Frieden 100 f., 146
Pavelić, Ante 25, 28 f., 31, 33
Potsdamer Abkommen 125
Praprotnik, Avgust 77

Repatriierung Kriegsgefangener 123 f.
Requisition 68 ff.
Roosevelt, Theodore 86 f., 129 f.
Rožman, Gregorij 84, 117, 146
Rupnik, Leon 81 ff.

Serbien 17, 19 ff., 24, 28, 73, 75, 88, 107, 143
Sezessionsrecht 110, 146
Sowjetunion 26, 36, 75 f., 103, 126, 129
Staatsangehörigkeitsrecht 57, 144
Staatsgebiet 24, 28 ff., 34, 46, 48, 101, 103, 109, 112 f.

Staatsgewalt 24, 30 ff., 35, 43, 64, 92, 95, 100, 108, 143
Staatsvolk 24, 30 f., 34
Stalin, Josef 76, 86 f., 130, 148
Strossmayer, Josip Juraj 21
Šubašić, Ivan 86 ff., 143

Tito, Josip Broz 26, 29, 48, 74 f., 79, 86 ff., 93 ff., 100 ff., 135, 143 ff.
Tito-Šubašić-Abkommen 48, 87, 94, 135
Trianon, Vertrag von 23
Triest, Freie Stadt 22, 99 ff., 107, 146
Tschetniks 29, 51, 73 ff., 79 f., 88, 95, 121, 144

Ungarn 18, 20 ff., 26 ff., 57, 59 f., 89, 144
Ustascha 25, 28, 73, 88

Versailler Vertrag 23
Vier Freiheiten 129
Völkerbund 32, 36 f., 40, 123
VOS 76 f., 80, 85, 112, 118, 144 ff.

Wahlrecht 105, 137
Widerstandsgruppen 51, 76, 79 f., 89, 114, 116

Zivilbevölkerung 45, 49 ff., 60, 62, 64 ff., 69, 73, 76 f., 79 f., 85, 88, 93 ff., 102, 111, 113 ff., 122, 132, 143, 145

Studien zu Politik und Verwaltung
Herausgegeben von Christian Brünner, Wolfgang Mantl, Manfried Welan

1 **Korruption und Kontrolle.** Hg. v. Christian Brünner. 1981. 726 S. mit 8 Tab. i. Text. Brosch. ISBN 3-205-08457-8 (vergriffen)
2 **Unbehagen im Parteienstaat.** Jugend und Politik in Österreich. Von Fritz Plasser und Peter A. Ulram. 1982. 208 S., Tab. u. Graph. i. Text. Brosch. ISBN 3-205-08458-6 (vergriffen)
3 **Landesverfassungsreform.** Hg. v. Reinhard Rack. 1982. 255 S. Brosch. ISBN 3-205-08459-4 (vergriffen)
4 **Nation Österreich.** Kulturelles Bewußtsein und gesellschaftlich-politische Prozesse. Von Ernst Bruckmüller. 2. erweiterte Aufl. 1996. 472 S., zahlr. Graph. i. Text. Brosch. ISBN 3-205-98000-X
5 **Krise des Fortschritts.** Hg. v. Grete Klingenstein. 1984. 172 S., Graph. i. Text. Brosch. ISBN 3-205-08461-6 (vergriffen)
6 **Parteiengesellschaft im Umbruch.** Partizipationsprobleme v. Großparteien. Von Anton Kofler. 1985. 132 S., 58 Tab. Brosch. ISBN 3-205-08463-2 (vergriffen)
7 **Grundrechtsreform.** Hg. v. Reinhard Rack. 1985. 302 S. Brosch. ISBN 3-205-08462-4 (vergriffen)
8 **Aufgabenplanung.** Ansätze für rationale Verwaltungsreform. Von Helmut Schattovits. 1988. 220 S. Brosch. ISBN 3-205-08464-0 (vergriffen)
9 **Demokratierituale.** Zur politischen Kultur der Informationsgesellschaft. Hg. v. Fritz Plasser, Peter A. Ulram u. Manfried Welan. 1985. 291 S., 91 Tab. i. Text. Brosch. ISBN 3-205-08467-5
10 **Politik in Österreich.** Die Zweite Republik: Bestand und Wandel. Hg. v. Wolfgang Mantl. 1992. XV, 1084 S. Geb. ISBN 3-205-05379-6
11 **Flexible Arbeitszeiten.** Eine fixe Idee. Von Rudolf Bretschneider, Rupert Dollinger, Joachim Lamel u. Peter A. Ulram. 1985. 133 S., 33 Tab. i. Text. Brosch. ISBN 3-205-08469-1 (vergriffen)
12 **Verfassungspolitik.** Dokumentation Steiermark. Von Christian Brünner, Wolfgang Mantl, Dietmar Pauger und Reinhard Rack. 1985. 294 S. Brosch. ISBN 3-205-08465-9 (vergriffen)
13 **Krisen.** Eine soziologische Untersuchung. Von Manfred Prisching. 1986. 730 S., zahlr. Tab. u. Graph. i. Text. Brosch. ISBN 3-205-08468-3
14 **Schweiz – Österreich.** Ähnlichkeiten und Kontraste. Hg. v. Friedrich Koja u. Gerald Stourzh. 1986. 279 S. Brosch. ISBN 3-205-08902-2 (vergriffen)
15 **Was die Kanzler sagten.** Regierungserklärungen der Zweiten Republik 1945–1987. Von Maximilian Gottschlich, Oswald Panagl u. Manfried Welan. 1989. VI, 325 S. Brosch. ISBN 3-205-08900-6 (vergriffen)
16 **Technikskepsis und neue Parteien.** Politische Folgen eines „alternativen" Technikbildes. Von Erich Reiter. 1987. 167 S. Brosch. ISBN 3-205-08904-9 (vergriffen)
17 **Demokratie und Wirtschaft.** Hg. v. Joseph Marko u. Armin Stolz. 1987. 367 S. Brosch. ISBN 3-205-08905-7 (vergriffen)
18 **Society, Politics and Constitutions.** Western and East European Views. Von Antal Adam u. Hans G. Heinrich. 1987. 212 S. Brosch. ISBN 3-205-08907-3 (vergriffen)

Studien zu Politik und Verwaltung
Herausgegeben von Christian Brünner, Wolfgang Mantl, Manfried Welan

19 USA: Verfassung und Politik. Von Francis H. Heller. 1937. 120 S. Brosch. ISBN 3-205-08906-5 (vergriffen)
20 Umweltschutzrecht. Von Bernhard Raschauer. 2. Aufl. 1988. 304 S. Brosch. ISBN 3-205-05143-2 (vergriffen)
21 Verfall und Fortschritt im Denken der frühen römischen Kaiserzeit. Studien zum Zeitgefühl und Geschichtsbewußtsein des Jahrhunderts nach Augustus. Von Karl Dietrich Bracher. 1987. 348 S. Brosch. ISBN 3-205-08909-X (vergriffen)
22 Das österreichische Parteiensystem. Hg. v. Anton Pelinka u. Fritz Plasser. 1988. 800 S. Brosch. ISBN 3-205-08910-3 (vergriffen)
23 Parteien unter Streß. Zur Dynamik der Parteiensysteme in Österreich, der Bundesrepublik Deutschland und den Vereinigten Staaten. Von Fritz Plasser. 1987. 344 S. Brosch. ISBN 3-205-08911-1 (vergriffen)
24 Ideologie und Aufklärung. Weltanschauungstheorie und Politik. Von Kurt Salamun. 1988. 142 S. Brosch. ISBN 3-205-05126-2 (vergriffen)
25 Die neue Architektur Europas. Reflexionen in einer bedrohten Welt. Hg. v. Wolfgang Mantl. 1991. 332 S. Ln. m. SU. ISBN 3-205-05412-1
26 Die große Krise in einem kleinen Land. Österreichische Finanz- und Wirtschaftspolitik 1929–1938. Von Dieter Stiefel. 1989. X, 428 S. Brosch. ISBN 3-205-05132-7 (vergriffen)
27 Das Recht der Massenmedien. Ein Lehr- und Handbuch für Studium und Praxis. Von Walter Berka. 1989. II, 356 S. Brosch. ISBN 3-205-05194-7 (vergriffen)
28 Staat und Wirtschaft. Am Beispiel der österreichischen Forstgesetzgebung von 1950–1987. Von Werner Pleschberger. 1989. 579 S. Brosch. ISBN 3-205-05204-8 (vergriffen)
29 Wege zur Grundrechtsdemokratie. Studien zur Begriffs- und Institutionengeschichte des liberalen Verfassungsstaates. Von Gerald Stourzh. 1989. XXII, 427 S. Brosch. ISBN 3-205-05218-8 (vergriffen)
30 Geist und Wissenschaft im politischen Aufbruch Mitteleuropas. Beiträge zum österreichischen Wissenschaftstag 1990. Hg. v. Meinrad Peterlik und Werner Waldhäusl. 1991. 268 S. Brosch. ISBN 3-205-05464-4
31 Finanzkraft und Finanzbedarf von Gebietskörperschaften. Analysen und Vorschläge zum Gemeindefinanzausgleich in Österreich. Hg. v. Christian Smekal u. Engelbert Theurl. 1990. 307 S. Brosch. ISBN 3-205-05237-4 (vergriffen)
32 Regionale Ungleichheit. Von Michael Steiner. 1990. 258 S. Brosch. ISBN 3-205-05281-1
33 Bürokratische Anarchie. Der Niedergang des polnischen „Realsozialismus". Von August Pradetto. 1992. 156 S. Brosch. ISBN 3-205-05421-0
34 Vor der Wende. Politisches System, Gesellschaft und politische Reformen im Ungarn der achtziger Jahre. Hg. v. Sándor Kurtán. Aus d. Ungar. v. Alexander Klemm. 1993. 272 S. Brosch. ISBN 3-205-05381-8

Studien zu Politik und Verwaltung
Herausgegeben von Christian Brünner, Wolfgang Mantl, Manfried Welan

35 Hegemonie und Erosion. Politische Kultur und politischer Wandel in Österreich. Von Peter A. Ulram. 1990. 366 S. Brosch. ISBN 3-205-05346-X (vergriffen)
36 Gehorsame Rebellen. Bürokratie und Beamte in Österreich 1780–1848. Von Waltraud Heindl. 1991. 388 S., 12 SW-Abb. Geb.m.SU.
ISBN 3-205-05370-2
37 Kultur und Politik – Politik und Kunst. Von Manfred Wagner.
1991. 367 S. Brosch. ISBN 3-205-05396-6
38 Revolution und Völkerrecht. Völkerrechtsdogmatische Grundlegung der Voraussetzungen und des Inhalts eines Wahlrechts in bezug auf vorrevolutionäre völkerrechtliche Rechte und Pflichten. Von Michael Geistlinger.
1991. 554 S. Brosch. ISBN 3-205-05414-8 (vergriffen)
39 Slowenien – Kroatien – Serbien. Die neuen Verfassungen. Hg. v. Joseph Marko und Tomislav Boric. 1994. 467 S. Brosch. ISBN 3-205-98283-5 (vergriffen)
40 Der Bundespräsident. Kein Kaiser in der Republik. Von Manfried Welan. 1992. 119 S. Brosch. ISBN 3-205-05529-2
41 Wege zur besseren Finanzkontrolle. Von Herbert Kraus und Walter Schwab. 1992. 167 S. Brosch. ISBN 3-205-05530-6
42 Bruchlinie Eiserner Vorhang. Regionalentwicklung im österreichisch-ungarischen Grenzraum. Von Martin Seger u. Pal Beluszky. 1993. XII, 304 S., 16 S. Farbabb. Geb. ISBN 3-205-98048-4
43 Regierungsdiktatur oder Ständeparlament? Gesetzgebung im autoritären Österreich. Von Helmut Wohnout. 1993. 473 S. Brosch. ISBN 3-205-05547-0
44 Die österreichische Handelspolitik der Nachkriegszeit 1918 bis 1923. Die Handelsvertragsbeziehungen zu den Nachfolgestaaten. Von Jürgen Nautz. 1994. 601 S. Brosch. ISBN 3-205-98118-9 (vergriffen)
45 Regimewechsel. Demokratisierung u. politische Kultur in Ost-Mitteleuropa. Hg. v. Peter Gerlich, Fritz Plasser u. Peter A. Ulram. 1992. 483 S., zahlr. Tab. u. Graph. Brosch. ISBN 3-205-98014-X
46 Die Wiener Jahrhundertwende. Hg. v. Jürgen Nautz und Richard Vahrenkamp. 2. Aufl. 1996. 968 S., 32 S. SW-Abb. Geb. ISBN 3-205-98536-2
47 Ausweg EG? Innenpolitische Motive einer außenpolitischen Umorientierung. Von Anton Pelinka, Christian Schaller und Paul Luif. 1994. 309 S. Brosch.
ISBN 3-205-98051-4
48 Die kleine Koalition in Österreich: SPÖ – FPÖ (1983–1986). Von Anton Pelinka. 1993. 129 S. Brosch. ISBN 3-205-98052-2 (vergriffen)
49 Management vernetzter Umweltforschung. Wissenschaftspolitisches Lehrstück Waldsterben. Von Max Krott. 1994. 325 S. Brosch.
ISBN 3-205-98129-4
50 Politikanalysen. Zur Signatur der Gegenwart. Von Wolfgang Mantl.
In Vorbereitung. ISBN 3-205-98459-5
51 Autonomie und Integration. Rechtsinstitute des Nationalitätenrechts im funktionalen Vergleich. Von Joseph Marko. 1995. XIV, 550 S. + LXVIII. Brosch. ISBN 3-205-98274-6

Studien zu Politik und Verwaltung
Herausgegeben von Christian Brünner, Wolfgang Mantl, Manfried Welan

52 Grundzüge fremder Privatrechtssysteme. Ein Studienbuch. Von Willibald Posch. 1995. XXVIII, 205 S. Brosch. ISBN 32-205-98387-4

53 Identität und Nachbarschaft. Die Vielfalt der Alpen-Adria-Länder. Hg. v. Manfred Prisching. 1994. 424 S. Brosch. ISBN 3-205-98307-6

54 Parlamentarische Kontrolle. Das Interpellations-, Resolutions- u. Untersuchungsrecht. Eine rechtsdogmatische Darstellung mit historischem Abriß u. empirischer Analyse. Von Andreas Nödl. 1995. 198 S. Brosch. ISBN 3-205-98161-8

55 Kurze Geschichte der Zweiten Republik. Von Alfred Ableitinger. In Vorbereitung. ISBN 3-205-98460-9

56 Staat und Gesundheitswesen. Analysen historischer Fallbeispiele aus der Sicht der Neuen Institutionellen Ökonomik. Von Engelbert Theurl. 1996. 302 S. Brosch. ISBN 3-205-98461-7

57 Eliten in Österreich. 1848–1970
Von Gernot Stimmer. 1997. 2 Bde., zus. 1140 S. 38 SW-Abb. Geb. ISBN 3-205-98587-7

58 Frankreich – Österreich. Wechselseitige Wahrnehmung und wechselseitiger Einfluß seit 1918. Hg. v. Friedrich Koja u. Otto Pfersmann. 1994. 307 S., 19 SW-Abb. Brosch. ISBN 3-205-98295-9

59 Fahnenwörter der Politik. Kontinuitäten und Brüche. Hg. v. Oswald Panagl. 1998. 351 S. Brosch. m. SU. ISBN 3-205-98867-1

60 Avantgarde des Widerstands. Modellfälle militärischer Auflehnung in Ostmittel- und Osteuropa im 19. und 20. Jahrhundert. Von Richard G. Plaschka. 1999. 2 Bde., 630 + 432 S. 32 SW-Abb. Geb. ISBN 3-205-98390-4

61 Bernard Bolzano. Staat, Nation und Religion als Herausforderung für die Philosophie im Kontext von Spätaufklärung, Frühnationalismus und Restauration. Hg. v. Helmut Rumpler. 2000. 423 S. Brosch. ISBN 3-205-99327-6

62 Um Einheit und Freiheit. Staatsvertrag, Neutralität und das Ende der Ost-West-Besetzung Österreichs 1945–1955. Von Gerald Stourzh. 4., völlig überarb. u. erw. Aufl. 1998. II, 834 S., 12 S. SW-Abb. Geb. m. SU. ISBN 3-205-98383-1

63 Österreich unter alliierter Besatzung 1945–1955.
Hg. v. Alfred Ableitinger, Siegfried Beer und Eduard G. Staudinger. 1998. 600 S. ISBN 3-205-98588-5

64 Evaluation im öffentlichen Sektor. Von Evert Vedung. 1999. XVIII, 274 S. 47 Graphiken u. Tabellen. Brosch. ISBN 3-205-98448-X.

65 Liberalismus. Interpretationen und Perspektiven. Hg. v. Emil Brix u. Wolfgang Mantl. 1996. 320 S. Geb. ISBN 3-205-98447-1 (vergriffen)

66 Die österreichische Staatsidee. Hg. v. Karin Liebhart u. Manfried Welan. In Vorbereitung. ISBN 3-205-98573-7

67 Die Universität als Organisation. Die Kunst, Experten zu managen. Von Ada Pellert. 1999. 346 S. m. 5 S. SW-Abb. Brosch. ISBN 3-205-99080-3

68 Gemeinden in Österreich im Spannungsfeld von staatlichem System und lokaler Lebenswelt. Hg. v. Doris Wastl-Walter. 2000. 248 S. 18 Graph. 17 Karten. 71 Tab. 1 Faltk. Brosch. ISBN 3-205-99212-1

böhlauWien

Studien zu Politik und Verwaltung
Herausgegeben von Christian Brünner, Wolfgang Mantl, Manfried Welan

69 Noch einmal Dichtung und Politik. Vom Text zum politisch-sozialen Kontext, und zurück. Hg. v. Oswald Panagl und Walter Weiss. 2000. 462 S. Brosch. ISBN 3-205-99289-X

70 Politik, Staat und Recht im Zeitenbruch. Symposion aus Anlaß des 60. Geburtstags von Wolfgang Mantl. Hg. v. Joseph Marko und Klaus Poier. 2001. 197 S. mit 3 SW-Abb. Geb. ISBN 3-205-99259-8

71 Qualitätssicherung und Rechenschaftslegung an Universitäten. Evaluierung universitärer Leistungen aus rechts- und sozialwissenschaftlicher Sicht. Von Eva Patricia Stifter. 2002. 410 S. Brosch. ISBN 3-205-99317-9

72 Kulturgeschichte des Heiligen Römischen Reiches 1648 bis 1806. Verfassung, Religion und Kultur. Von Peter Claus Hartmann. 2001. 510 S. mit zahlr. SW-Abb. Geb. ISBN 3-205-99308-X

73 Minderheitenfreundliches Mehrheitswahlrecht. Rechts- und politikwissenschaftliche Überlegungen zu Fragen des Wahlrechts und der Wahlsystematik. Von Klaus Poier. 2001. 379 S. 18 Tab. 8 Graph. Brosch. ISBN 3-205-99338-1

74 Rechtsentwicklung im Bannkreis der europäischen Integration. Von Hubert Isak. Brosch. ISBN 3-205-99326-8. In Vorbereitung

75 Gigatrends. Erkundungen der Zukunft unserer Lebenswelt. Hg. v. Franz Kreuzer, Wolfgang Mantl und Maria Schaumayer. 2003. XII + 339 S. m. 13 SW-Abb. und 2 Tab. Geb. ISBN 3-205-98962-7.

76 Autonomie im Bildungswesen. Zur Topographie eines bildungspolitischen Schlüsselbegriffs. Von Walter Berka. 2002. 213 S. Brosch. ISBN 3-205-99309-8

77 Hochschulzugang in Europa. Ein Ländervergleich zwischen Österreich, Deutschland, England und der Schweiz. Von Elisabeth Hödl. 2002. 227 S. Brosch. ISBN 3-205-99421-3

78 Forschung und Lehre. Die Idee der Universität bei Humboldt, Jaspers, Schelsky und Mittelstraß. Von Hedwig Kopetz. 2002. 137 S. m. 4 SW-Abb. Brosch. ISBN 3-205-99422-1

79 Das Blair-Phänomen. Der Erfolg des „dritten" Weges. Von Melanie A. Sully. ISBN 3-205-99410-8. In Vorbereitung

80 Kultur der Demokratie. Festschrift für Manfried Welan zum 65. Geburtstag. Hg. von Christian Brünner, Wolfgang Mantl, Alfred J. Noll und Werner Pleschberger. 2002. 383 S. m. zahlr. Tab. und 1 SW-Abb. Geb. ISBN 3-205-77005-6

81 Okkupation und Revolution in Slowenien 1941–1946. Eine völkerrechtliche Untersuchung. Von Dieter Blumenwitz. 162 S. Br. ISBN 3-205-77250-4

82 Der Konvent zur Zukunft der Europäischen Union. Hg. von Wolfgang Mantl, Sonja Puntscher Riekmann und Michael Schweitzer. 2005. 185 S. Br. ISBN 3-205-77127-3

83 Art *goes* Law. Dialoge zum Wechselspiel zwischen Kunst und Recht. Hg. von Dietmar Pauger. 2005. 269 S. mit 9 SW-Abb. Br. ISBN 3-205-77128-1

84 Direkte Demokratie. Von Klaus Poier. In Vorbereitung

Studien zu Politik und Verwaltung
Herausgegeben von Christian Brünner, Wolfgang Mantl, Manfried Welan

85 Hochschulrecht – Hochschulmanagement – Hochschulpolitik. Symposion aus Anlass des 60. Geburtstages von Christian Brünner. Hg. von Gerhard Schnedl und Silvia Ulrich. 2003. 258 S. m. 7 Graph. und 5 Tab. Geb. ISBN 3-205-99468-X
86 Das zerrissene Volk. Slowenien 1941–1946. Okkupation, Kollaboration, Bürgerkrieg, Revolution. Von Tamara Griesser-Pečar. 2003. 583 S. Geb.
ISBN 3-205-77062-5
87 Zur Qualität der britischen und österreichischen Demokratie. Empirische Befunde und Anregungen für Demokratiereform. Von E. Robert A. Beck und Christian Schaller. 2003. XXII + 620 S. mit zahlr. Tab. Br. ISBN 3-205-77071-4
90 Soziokultureller Wandel im Verfassungsstaat. Phänomene politischer Transformation. Festschrift für Wolfgang Mantl zum 65. Geburtstag. Hg. von Hedwig Kopetz, Joseph Marko und Klaus Poier. 2004. XXIV + 700 S., X + 1000 S. mit zahlr. Tab., Graph. und Abb. 2 Bde. im Schuber.
ISBN 3-205-77211-3

böhlauWien